JN056313

法的根拠に基づく

ケアマネ実務ハンドブック

―Q&Aでおさえる業務のツボ―

author
後藤佳苗

中央法規

はじめに（新訂版発行にあたって）

2021（令和3）年度介護報酬改定は、「科学的介護元年」などと称され、根拠となるデータ活用の推進が図られています。根拠をもって働く大切さを熟知しているケアマネジャーにとっては、当然の流れと感じつつ、その準備や対応の多さ・複雑さから負担も大きい改定となっているのではないでしょうか。

さらに約13年ぶりに標準様式通知の改正が同時期に実施されたこともあり、「確認しなければならないことが多すぎる」などの悲鳴に近い声を聴くこともあります。

新訂版の作成にあたっては、前著の身近な疑問をコンパクトにまとめるスタイルは踏襲しつつ、根拠がより明確になるように書面の流れを変更しました。また、改訂版で2冊に分けた居宅介護支援費に関するものも、改めてまとめて1冊に収載しなおし、確認するケアマネジャーの利便性を考慮しました。

身近な疑問や質問をもとに効率よく根拠を確認する本書が、皆様の業務効率化の一助になれれば幸いです。

最後になりましたが、本書の作成にあたっては、介護保険制度や報酬に関する専門性の高い知見を有する編集者（中央法規出版第1編集部編集第7課牛山絵梨香氏、第2編集部編集第2課矢崎さくら氏）にお世話になりました。この場をお借りして、心より御礼申し上げます。

2021（令和3）年7月

あたご研究所　**後藤佳苗**

はじめに（改訂版発行にあたって）

2014（平成26）年に発売の本書（初版）ですが、このたび改訂版として装いを新たに発行する運びとなりました。

背景として、法令改正等によるルールの変更、ケアマネジャーや居宅介護支援事業所に求められる役割期待などの変化に加え、2018（平成30）年4月からの居宅介護支援事業者の指定監督事務の市町村への権限移譲という大きな転換点を迎えたことがあります。

改訂版の作成にあたっては、できるだけ簡潔に、かつ根拠を確認しやすいよう、初版作成時の基本的な構成は変更しないことを基本としました。

そのうえで、現場に浸透してきている内容（多くの人の理解が進んだもの）や現在の基準等に即しにくい内容は削除し、新しいQ&Aを作成しました。併せて、条例制定時にローカルルールが適用される部分と適用されない部分などが明確になるよう、工夫したことなども変更点です。

高齢者の"よろず相談所"ともいえる役割を担うケアマネジャーの方々や居宅介護支援事業所に、本書を即実践に活かせる書籍として活用いただくことができれば無上の喜びです。

最後になりましたが、初版から継続して担当していただいている中央法規出版第1編集部の米澤昇氏と中央法規出版第2編集部の皆さまに心よりお礼申し上げます。

2018（平成30）年9月

あたご研究所　**後藤佳苗**

はじめに（初版発行にあたって）

ケアマネジャーや居宅介護支援事業者などの関係者（以下、「ケアマネジャー等」とします）が、介護保険制度に必要な法令等の知識を得ることは、介護保険制度で働く者の使命を果たすことにもつながる、と私たちは考えています。ケアマネジャー等のなかには、法令通知を苦手（嫌い）とする方もいらっしゃいますが、介護保険制度に関する法令等の知識は、ケアマネジャー等が精通していなければならない知識の一つです。“自分ごと”として法令等に関する知識についても再確認し、使いこなしてもらいたい、という思いが本書を作成するきっかけとなりました。

「介護保険の要（かなめ）」とも呼ばれているケアマネジャーは、利用者に必要な介護サービスについて、適正な量と質を調整する役割を担います。この役割を果たすためには、高齢者とその家族の多様な価値観と向き合い、サービスにかかわる人とのつながりを維持することが求められるため、たくさんの時間と労力が必要になります。法令根拠を理解することは、ケアマネジャー業務の効率化につながり、ケアマネジメントに充てる時間を増やすことを可能とします。

しかし、法令等を理解することが、ケアマネジャー業務の効率化につながるとわかってはいても、少数精鋭で働く現場において、たくさんの法令や通知等のなかから必要なものだけを探し出すことは、思いのほか時間がかかることも事実です。

また、介護保険には、いわゆる“グレーゾーン（表現が曖昧で判断が分かれるもの）”や“ローカルルール（地域によって判断が異なるもの）”が複数あるといわれています。この“グレーゾーン”や“ローカルルール”を考える前には、全国共通のルール（法令・通知）がどのように示され、それをどのように解釈しているのか？

を理解する必要があるのです。

本書の作成にあたっては、現場のケアマネジャーと指導・監督を行う立場の行政職員等の双方を対象とした研修や聴き取り調査を基としました。この聴き取り調査から、ケアマネジャー等が起こしやすい（保険者等に相談が多い、もしくは保険者等が指摘することの多い）うっかりミスや勘違いが多いものをまとめ、一冊の書籍としました。

うっかりミスや勘違いとすると軽く考えがちですが、現場で“介護保険は書類が命”ともいわれているように、うっかりミスや勘違いを別の角度から表現すると、必要最低限の部分に漏れが生じているともいえます。つまり、うっかりミスや勘違いしやすい部分こそ、ケアマネジャー等が最低限理解すべき知識であるといえるのではないでしょうか。

本書は、現場で使いやすいよう、ケアマネジメント過程に沿って作成してあります。このため、ケアマネジメントの過程で生じる細かな疑義について、逆引き辞書的な使用をしてもらうことで、法令根拠とあわせて、短時間で理解できる形式となっています。

多忙を極めるケアマネジャー等にとって、本書が業務の効率化につながり、効率化により浮いた時間をケアマネジメントの充実および対人援助職としての能力開発の時間に充てていただく一助となることを願っています。

2014（平成26）年2月

あたご研究所　**後藤佳苗**

目次

1 はじめに（新訂版発行にあたって）
2 はじめに（改訂版発行にあたって）
3 はじめに（初版発行にあたって）

第1部 基本編

1 介護保険制度の概要
11 1）法律・法令・条例の違いを理解しよう
14 2）運営基準（省令）の条例委任
14 3）居宅介護支援の運営基準
16 4）介護保険のサービスを利用する際の手続き

2 ケアマネジメントの定義と過程
18 1）ケアマネジメントの定義と本書での使用
18 2）多くのケアマネジメント定義に共通する内容
20 3）ケアマネジメントの過程
21 4）ケアマネジメントの局面ごとの規定
コラム 社会資源の概念図

第2部
実践編

第1章／受付・契約・インテーク

27 1 介護保険の契約
31 2 契約書の要否
35 3 運営基準減算（契約）
42 4 個人情報使用同意書の署名欄
49 5 電磁的方法による交付
55 6 運営規程への追加と届出

第2章／課題分析（アセスメント）

61 1 アセスメントシートの項目
65 2 アセスメントの適切な方法
69 3 運営基準減算（アセスメント）

第3章／ケアプラン原案の作成

75 1 ケアプランとケアプラン等
79 2 介護給付以外のサービス
83 3 第１表　意向を踏まえた課題分析の結果
コラム 不適切な意向の記載とその理由
89 4 第１表　総合的な援助の方針
93 5 第２表　生活全般の解決すべき課題

第4章／サービス担当者会議

103 1 担当者の定義
107 2 運営基準減算（やむを得ない理由）
111 3 第４表の交付
115 4 欠席者の意見

第5章／ケアプランの実行

121 **1** 運営基準減算（担当者への交付）

125 **2** 個別サービス計画の提出依頼

131 **3** 第２表　サービス内容

第6章／モニタリングと再アセスメント

139 **1** 運営基準減算（モニタリング結果の記録）

143 **2** モニタリングの実施方法

147 **3** アセスメントシートの複数回使用

151 **4** 軽微な変更（目標期間の延長）

第7章／終結・記録の保存

159 **1** 記録の整備と保存
コラム 介護分野の文書に係る負担軽減

165 **2** 担当交代時の書類のやりとり

169 **3** 電磁的記録による記録の保存

第8章／報酬請求編

175 **1** 他市町村への転居

179 **2** 死亡退院・退所の取扱い

183 **3** 居宅介護支援費の逓減制

187 **4** 初回加算

191 **5** 特定事業所加算①　多様な主体

197 **6** 特定事業所加算②　定期的な会議

201 **7** 入院時情報連携加算

207 **8** 退院・退所加算

211 **9** 通院時情報連携加算

引用文献・参考文献

著者紹介

本書で使用する主な法令等の“略称”と「正式名称」および概略は、以下のとおりです。

● **“法”**：「介護保険法（平成9年法律第123号）」
→介護保険制度の運用を定めた法律です。制度の目的、各サービスの定義、サービス給付の内容等について定めています。

◎ **“施行規則”**：「介護保険法施行規則（平成11年厚生省令第36号）」
→法の規定について、より詳細な内容を定めたものです。

◎ **“運営基準”**：「指定居宅介護支援等の事業の人員及び運営に関する基準（平成11年厚生省令第38号）」
→居宅介護支援を提供するうえで満たすべき職員数、運営方法等の基準を定めています。

※ **“解釈通知”**：「指定居宅介護支援等の事業の人員及び運営に関する基準について（平成11年老企第22号）」
→運営基準の内容を補足し、解釈を加えたものです。

◎ **“サービスの運営基準”**：「指定居宅サービス等の事業の人員、設備及び運営に関する基準（平成11年厚生省令第37号）」
→居宅サービスを提供するうえで満たすべき職員数、運営方法等の基準を定めています。

※ **“サービスの解釈通知”**：「指定居宅サービス等及び指定介護予防サービス等に関する基準について（平成11年老企第25号）」
→サービスの運営基準の内容を補足し、解釈を加えたものです。

○ **“算定基準”**：「指定居宅介護支援に要する費用の額の算定に関する基準（平成12年厚生省告示第20号）」
→居宅介護支援の介護報酬の算定について、基本報酬や加算の額、満たすべき要件について定めています。

※ **“算定基準の解釈通知”**：「指定居宅サービスに要する費用の額の算定に関する基準（訪問通所サービス、居宅療養管理指導及び福祉用具貸与に係る部分）及び指定居宅介護支援に要する費用の額の算定に関する基準の制定に伴う実施上の留意事項について（平成12年老企第36号）」
→算定基準の内容を補足し、解釈を加えたものです。

○ **“利用者等告示”**：「厚生労働大臣が定める基準に適合する利用者等（平成27年厚生労働省告示第94号）」
→算定基準等で定められたものの一部について、より詳細な内容を定めたものです。

○ **“定める基準”**：「厚生労働大臣が定める基準（平成27年厚生労働省告示第95号）」
→算定基準等で定められたものの一部について、より詳細な内容を定めたものです。

※ **“標準様式通知”**：「介護サービス計画書の様式及び課題分析標準項目の提示について（平成11年老企第29号）」
→居宅サービス計画書（ケアプラン）等の様式の標準的な例と記載上の注意事項、および課題分析標準項目を示したものです。

※ **“改正見直し通知”**：「居宅介護支援等に係る書類・事務手続や業務負担等の取扱いについて」（令和3年老介発0331第1号・老高発0331第2号・老認発0331第3号・老老発0331第2号）
→煩雑で負担となる書類作成や事務手続への対応を厚生労働省が提示した通知です。

●法律、◎省令、○告示、※通知

第1部 基本編

1 介護保険制度の概要

1）法律・法令・条例の違いを理解しよう

(1) 介護保険法令ピラミッド

「法令遵守（ほうれいじゅんしゅ）（コンプライアンス）」という言葉を耳にしない日はないといっても過言ではないでしょう。そして、「法令を遵守しない場合、介護支援専門員登録の消除や事業所の指定取消しとなる場合もある」ということは、皆さんご存じだと思います。

しかし、法律と法令の違いをしっかりとご理解されていますか？

法律とは、そのまま“法律（国会が議決するもの）”を指し、法令とは、“法律”＋“政令（内閣が制定するもの）”＋“省令（担当省の大臣が制定するもの）”を包含した概念です。

これを介護保険制度にあてはめてみると、次のようになります。

■法律、政令、省令

法律（国会が議決するもの）
　：介護保険法　等
政令（内閣が制定するもの）
　：介護保険法施行令　等
省令（担当省の大臣が制定するもの）
　：介護保険法施行規則、運営基準　等

また、法令等の構造はピラミッドのような形をしているといわれています。具体的には、より上に行くほど数は少ないのですが法的な拘束力が強く、下に行くほど数は多く法的な拘束力が弱くなっています。相反するような内容が示されている場合は、より上位に位置づけられる内容を優先して選択しましょう。

■法令ピラミッド

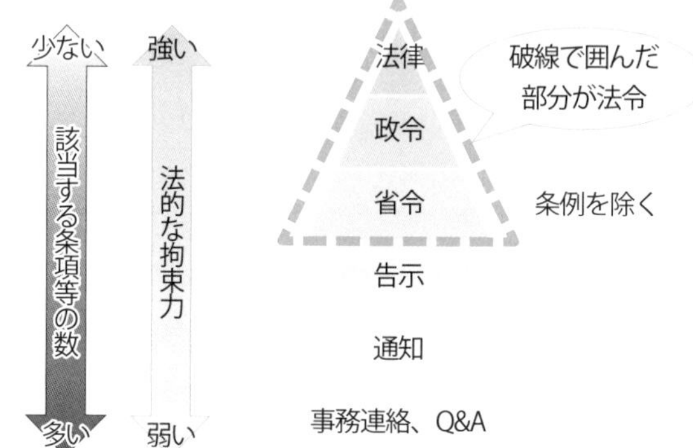

・より上の位置にあるものほど、条項等の数は少ないが、法的な拘束力は強く、より下の位置になるほど、数は多く、法的な拘束力は弱い。
・実務において、相反するような内容が示されている場合は、より上位に位置づけられる内容を優先して守らねばならない。

出典：NPO法人千葉県介護支援専門員協議会編、後藤佳苗著『基礎から学べる「ケアマネジメント実践力」養成ワークブック』中央法規出版、2011年（pp. 6-7を一部改変）

(2) 法令リスクが高い介護保険制度

「介護保険制度は、法令リスクが高い」とよくいわれます。法令リスクが高くなる理由として、介護保険法の定期的な見直し（法改正）に加え、サービス事業所や施設が守るべきルールである運営基準（省令）が、事業所、施設により異なること、すなわち運営基準（省令）の多さがあげられます。

ケアマネジャーという同職種が必置とされている事業所や施設の場合も、それぞれによって守るべき運営基準は異なります。つまり、事業所や施設ごとに運営基準が異なるため、思い込みで仕事をせずに、勤務先の事業者が守るべき運営基準と解釈通知を把握する必要があります（次ページ表参照）。

■介護支援専門員が必置の事業所等における運営基準・解釈通知対応表

		運営基準（省令）	運営基準の解釈通知
居宅介護支援		指定居宅介護支援等の事業の人員及び運営に関する基準（平成11年厚生省令第38号）	指定居宅介護支援等の事業の人員及び運営に関する基準について（平成11年老企第22号）
介護保険施設	介護老人福祉施設	指定介護老人福祉施設の人員、設備及び運営に関する基準（平成11年厚生省令第39号）	指定介護老人福祉施設の人員、設備及び運営に関する基準について（平成12年老企第43号）
介護保険施設	介護老人保健施設	介護老人保健施設の人員、施設及び設備並びに運営に関する基準（平成11年厚生省令第40号）	介護老人保健施設の人員、施設及び設備並びに運営に関する基準について（平成12年老企第44号）
介護保険施設	介護医療院	介護医療院の人員、施設及び設備並びに運営に関する基準（平成30年厚生労働省令第5号）	介護医療院の人員、施設及び設備並びに運営に関する基準について（平成30年老老発0322第1号）
介護予防支援		指定介護予防支援等の事業の人員及び運営並びに指定介護予防支援等に係る介護予防のための効果的な支援の方法に関する基準（平成18年厚生労働省令第37号）	指定介護予防支援等の事業の人員及び運営並びに指定介護予防支援等に係る介護予防のための効果的な支援の方法に関する基準について（平成18年老振発第0331003号・老老発第0331016号）
特定施設入居者生活介護		指定居宅サービス等の事業の人員、設備及び運営に関する基準（平成11年厚生省令第37号）	指定居宅サービス等及び指定介護予防サービス等に関する基準について（平成11年老企第25号）
地域密着型サービス		指定地域密着型サービスの事業の人員、設備及び運営に関する基準（平成18年厚生労働省令第34号）	指定地域密着型サービス及び指定地域密着型介護予防サービスに関する基準について（平成18年老計発第0331004号・老振発第0331004号・老老発第0331017号）

出典：後藤佳苗著『法的根拠に基づく介護事業所運営ハンドブック』中央法規出版、2015年（pp.9-10を一部改変）

2）運営基準（省令）の条例委任

2000（平成12）年の介護保険制度スタートの時点には、全国一律だった運営基準（省令）は、2011（平成23）年の「地域の自主性及び自立性を高めるための改革の推進を図るための関係法律の整備に関する法律」等により、都道府県または市町村が制定する条例に委任されました。

ただし、法令と条例の齟齬（そご）が生じないよう、条例に委任される基準の項目ごとに、❶厚生労働省令に定める基準に従い定めるもの（：異なる内容を条例で定めてはならない基準。以下、「従うべき基準」）、❷厚生労働省令で定める基準を標準として定めるもの（：合理的な理由があれば、その範囲内で異なる内容を条例で定めることも認められる基準。以下、「標準とする基準」）および❸厚生労働省令で定める基準を参酌するもの（：異なる内容を条例で定めることも可とされる基準。以下、「参酌すべき基準」）の3つに分類されています。

このため、条例を制定する都道府県等は、すべてを独自の基準で運用等はできませんが、それぞれの地域の実情に応じた条例が制定・運用されています。

3）居宅介護支援の運営基準

居宅介護支援については、❷標準とする基準が規定されていないため、❶従うべき基準と❸参酌すべき基準の2つの類型だけとなります。

居宅介護支援事業所の運営基準を条例制定する際の類型は、次の表のとおりです。

■居宅介護支援における条例制定時の類型と運営基準の該当条項

類型	運営基準の該当条項
❶従うべき基準	第2条～**第4条**（第1項、**第2項**）、第5条、**第13条**（**第7号**、**第9号～第11号**、**第14号**、**第16号**、第18号の2、第18号の3、第26号）、第19条の2、第21条の2、第23条、第27条、第27条の2
❷標準とする基準	なし（指定居宅介護支援においては設定されていない）
❸参酌すべき基準	第1条の2、第4条（第3項～第8項）、第6条～第12条、**第13条**（第1号～第6号、第8号、第12号～第13号の2、**第15号**、第17号、第18号、第19号～第25号、第27号）、第14条～第19条、第20条、第21条、第22条、第24条～第26条、第28条、第29条、第31条

注：下線を付した条項は、運営基準減算に該当する条項

「参酌すべき基準」は、条例制定者が独自に規定することができるため、「参酌すべき基準」に該当する条文については、事業所を指定監督する市町村等の条例を必ず確認しましょう。

本書においては、第2部以降において、従うべき基準に★印を、参酌すべき基準に☆印を付しました。★印ならば全国一律ですから、省令（運営基準）どおりと考え、☆印の場合は、ローカルルールが発生する可能性があるため、条例を確認する、などにご活用ください。

4）介護保険のサービスを利用する際の手続き

介護保険のサービスを利用するためには、被保険者に保険事故が発生していることを確認し（要介護・要支援認定を受け）、一人ひとりに必要な量と内容のサービスを決める（居宅サービス計画（ケアプラン）を作成する）ことが必要です（下図参照）。

■介護保険のサービスを受ける際に必要な手続き

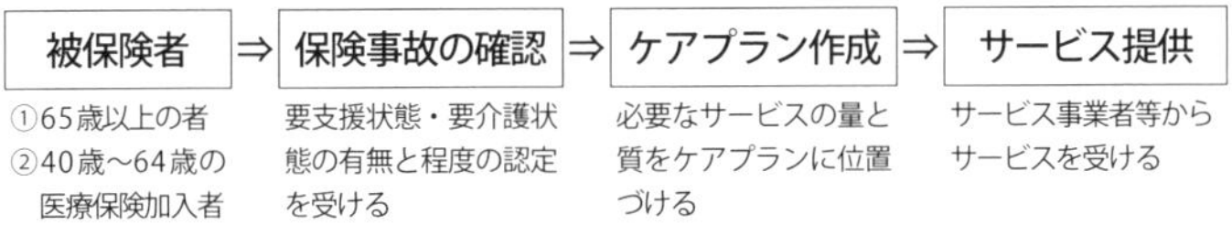

被保険者	⇒	保険事故の確認	⇒	ケアプラン作成	⇒	サービス提供
①65歳以上の者 ②40歳～64歳の医療保険加入者		要支援状態・要介護状態の有無と程度の認定を受ける		必要なサービスの量と質をケアプランに位置づける		サービス事業者等からサービスを受ける

介護保険のサービスは、まずは利用分を全額自己負担し、領収書を受け取り、保険給付分（7割～9割）についてあとから還付を受ける（償還払い）方式での利用が原則とされています。しかし、償還払い方式では、利用者や家族はサービスを利用する際に、ある程度まとまったお金の用意が必要となるため、必要なサービスを受けない（受けられない）おそれもあります。

償還払い方式を、法定代理受領方式※へと変更できるものが、ケアプランなのです。利用者が利用するサービスがケアプラン（居宅サービス計画書第1表～第3表、第6表、第7表）に位置づけられていることにより、法定代理受領方式でサービスを利用できるようになります。

ケアプランとは、利用者に必要なサービスの種類や量をあらかじめ定めた書類です。ケアプランの作成により利用者が受ける最大の利益（メリット）は、「法定代理受領でサービスを受けられること」といえます（法第41条第6項）。

利用者の利便性の向上や必要な給付を適切に配分するために、介護保険法令において居宅介護支援事業所をはじめすべてのサービス事業所には、法定代理受領方式を利用者が選択できるよう利用者を援助する義務が付されているのです。

なお、介護保険のサービスを提供するためには、そのサービスがケアプランに位置づけられていることが原則です。ケアマネジャーがケアプランに記載していないサービスについては、ケアマネジャーが介護保険でのサービス提供は不要と判断したとみなされるため、原則として介護保険からの支払いを受けることができません。

つまり、ケアプランを作成するケアマネジャーは、保険制度の理念と財政を維持し、質の高い対人援助サービスを公平·平等に分配·実施する役割を担っているといえます。利用者の自立を支援するために、また、社会保障制度である介護保険制度を維持・継続させていくためにも、ケアマネジャーの責任と役割は大きいのです。

※　法定代理受領方式とは、一般的なサービス提供方式のこと（事業者等がサービスを提供し、その費用の9割（もしくは8割や7割）を利用者に代わって市町村等に請求し、報酬を受け取る手順のこと）です。

2 ケアマネジメントの定義と過程

1）ケアマネジメントの定義と本書での使用

ケアマネジメントという言葉は、保健・医療・福祉分野等のさまざまな領域で使用されています。赤ちゃんから高齢者まで、健康状態を少し崩された人から重篤（じゅうとく）な疾患のある人、障がいの有無などにかかわらず使用されている言葉です。使用される分野が横断的で対象がさまざまであることなどから、ケアマネジメントに関する統一された定義はいまだないといわれています。

本書では、“ケアマネジメント”を主に介護保険制度に基づいた支援の手法を指す言葉として使用します。そして、1997（平成9）年「新たな高齢者介護制度について」において、厚生省（当時）の老人保健福祉審議会が定義した、「高齢者自身がサービスを選択することを基本に専門家が連携して身近な地域で高齢者及びその家族を支援する仕組み」を基本的な考え方とします。

2）多くのケアマネジメント定義に共通する内容

統一された定義はないといわれているケアマネジメントですが、多くのケアマネジメントの定義に共通しているのは、①対象者は、生活課題（ニーズ）を有している人、②内容は、社会資源を活用しながら、住み慣れた地域で生活が継続できるように支援すること、という2点です。

次ページの図は、ケアマネジメントの構成要素を平面的に説明したものです。本来は、個人と環境がスムーズに流れている（つながっている）ところに、何らかの生活問題が発生し、個人と環境のつながりがうまくいかなくなってしまったときに、個人の力を強める、環境の力を補う、環境を変える、などの援助手段を使いこなし、

調整（自立支援）をすること、これがケアマネジメントなのです。

図からもわかるとおり、環境とつながるのは利用者本人であることに注目しましょう。ケアマネジャーが利用者個人に代わって環境とつながるわけではなく、また、ケアマネジャーが直接的な環境となり、利用者個人とつながるわけではありません。ケアマネジメントとは、個人と環境がつながるよう間接的な援助（支援）をすることなのです。

ケアマネジャーは、内的資源と外的資源の両方に働きかけ、個人と環境をつなぐ役割を担います。このため、“ケアマネジメント”とは、本人が本人らしく生活するための支援であると考えられ、広義の権利擁護ともいえるのです（社会資源の概念については、コラム（22ページ）も参照）。

■個人と環境の相互作用と援助活動の関係

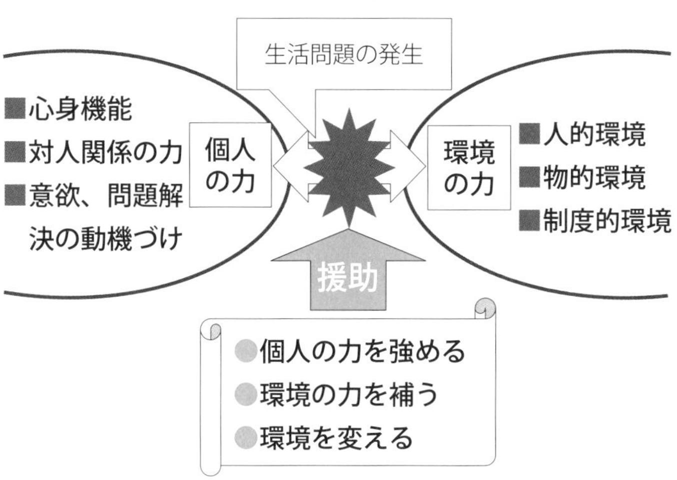

出典：介護支援専門員実務研修テキスト作成委員会編『五訂 介護支援専門員実務研修テキスト』長寿社会開発センター、2012年（p.182を一部改変）

3）ケアマネジメントの過程

ケアマネジメントの過程（プロセス）については、“複数の局面に分かれ、円環（循環）的な過程をたどる”とする考え方が共通認識となっています。ケアマネジャーと利用者および担当者が、「これがベストだ」と考えた計画であったとしても、サービスの利用等によって、本人の生活と生活課題（ニーズ）は変化します。

■ケアマネジメントの過程

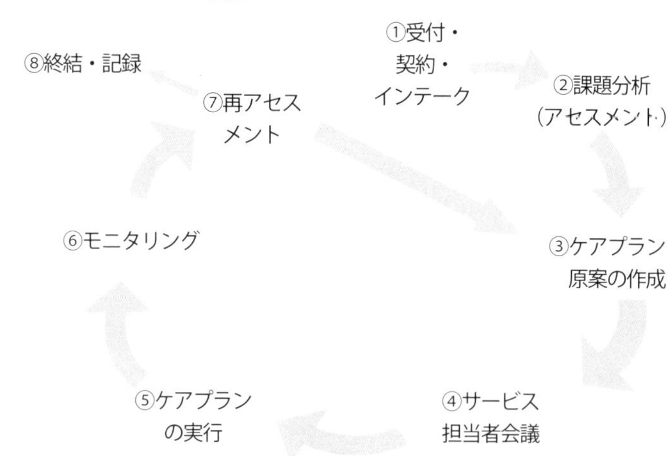

出典：NPO法人千葉県介護支援専門員協議会編、後藤佳苗著『基礎から学べる「ケアマネジメント実践力」養成ワークブック』中央法規出版、2011年（p.24を一部改変）

この変化に対応し、利用者の“いま”“ここ”にある望む暮らしを発見し続けるために、一方向へ向かう流れではなく、円環（循環）させる（同じ手順を繰り返す）必要があるのです。そして、ケアマネジメントの過程を繰り返すことにより、本人を含めたケアチーム全員が本人の生活機能や価値観をより深く理解することにつながっていくのです。

4）ケアマネジメントの局面ごとの規定

社会保障制度に位置づけられている介護保険においては、ケアマネジメントの局面でのルールが法令等で規定されています。

この規定を守れない場合には、運営基準減算等のペナルティが発生することもあるため、ケアマネジャーは積極的に法令等を理解し、使いこなすことが求められます。

なお、ケアマネジメントの局面と、主に関連する運営基準を表にまとめると、次のとおりです。法令の規定を理解したうえで業務にあたっているか、各自が振り返る機会としてください。

■ケアマネジメントの局面と主に関連する運営基準の条項

8つの局面	主に関連する運営基準の条項
①受付・契約・インテーク	第4条（うち<u>第2項</u>）、第18条、第23条第3項
②課題分析（アセスメント）	第13条第6号・<u>第7号</u>
③ケアプラン原案の作成	第13条第3号・第4号・第5号・第8号
④サービス担当者会議	第13条<u>第9号</u>・<u>第15号</u>・第22号
⑤ケアプランの実行	第13条<u>第10号</u>・<u>第11号</u>・第12号
⑥モニタリング	第13条第13号・<u>第14号</u>
⑦再アセスメント	第13条第13号・<u>第16号</u>
⑧終結・記録の保存	第29条（第31条）

注：下線を付した条項は、運営基準減算に該当する条項

■コラム　社会資源の概念図

「社会資源」とは、本人を取り巻く「外的資源」と本人自身が有している「内的資源」を包括した言葉として使われていることが一般的です。

世の中のモノや人は、意識し、活用することで初めて資源になるとも言われるように、社会資源の開発には、本来は多くの時間（経験の数）が必要となります。

専門職として、社会資源を使いこなす技術を高めるためにも、新たな社会資源を創造していくためにも、使いこなしている仲間とのネットワークを大切にしていきましょう。

■社会資源の概念

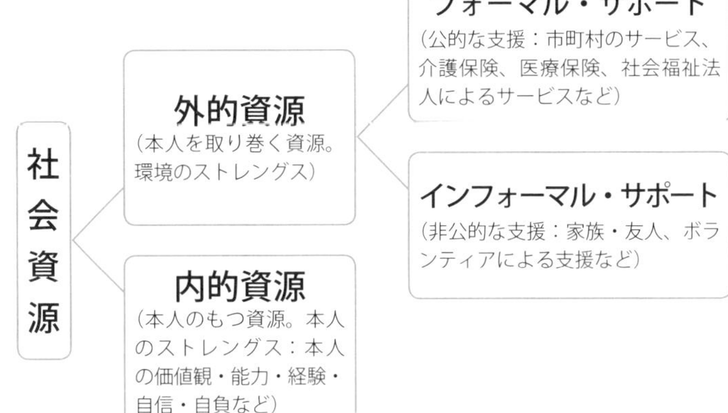

第2部
実践編

第1章 受付・契約・インテーク

1 介護保険の契約

2 契約書の要否

3 運営基準減算（契約）

4 個人情報使用同意書の署名欄

5 電磁的方法による交付

6 運営規程への追加と届出

介護保険サービスを利用するための契約とは、「重要事項説明書を介した契約行為を指す」ことと考えてよいのでしょうか？

居宅介護支援事業所の管理者です。ケアマネジャーとして、10年以上の経験があるので、今さらなのですが……。契約時に使用する書類（契約書、重要事項説明書、個人情報使用同意書。以下、「契約三点セット」）について質問します。

介護保険サービスを使うための契約（介護保険法令でいうところの契約）とは、原則として、重要事項説明書が最優先と考えるべきでしょうか？　それとも、契約書の日付が優先されるのでしょうか？

考えてみよう！

以下から、最も適切なものを1つ選択してください。

1：重要事項説明書の交付・説明・同意をもって、介護保険法令上の契約がなされたと考える。

2：契約は、契約書か重要事項説明書のいずれかの日付と考えてよい。

3：契約書の日付が介護保険法令上の契約と考える（重要事項説明書はあまり気にしなくてよい）。

最も適切なものは…

1：重要事項説明書の交付・説明・同意をもって、介護保険法令上の契約がなされたと考える。

根拠 運営基準第4条第1項、第18条、解釈通知第二の3(2)

介護保険法令上のルールでは、重要事項説明書が契約の基本とされているため、**1**を正解とさせていただきます。

1．重要事項説明書で利用者の同意を！

内容および手続の説明および同意については、運営基準第4条第1項に、「指定居宅介護支援事業者は、指定居宅介護支援の提供の開始に際し、あらかじめ、利用申込者又はその家族に対し、第18条に規定する運営規程の概要その他の利用申込者のサービスの選択に資すると認められる重要事項を記した文書を交付して説明を行い、当該提供の開始について利用申込者の同意を得なければならない」とされています。

すなわち、居宅介護支援においては、重要事項説明書を介した契約行為が、「指定居宅介護支援の提供の開始に際し、あらかじめ」必要となるのです※。

※　特定施設入居者生活介護事業者、介護予防特定施設入居者生活介護事業者、地域密着型特定施設入居者生活介護事業者には、「契約書」と「重要事項説明書」を活用した契約が介護保険法令にて義務づけられています。

2．重要事項説明書の確認を！

ときに、重要事項説明書の記載内容が不十分な事業所等から、「契約書と併せて満たしています」「しっかり口頭で説明しています」などという言い訳に近い説明を受ける場合もあります。

しかし、先に運営基準第4条第1項にて確認したとおり、介護保険法令における契約行為とは、重要事項説明書を介したやりとりを指します。

つまり、契約書との合わせ技や、口頭での十分な説明をしたとしても、重要事項説明書が不十分な場合は、契約締結をしっかりやっていない証明にもなってしまいますから、注意しましょう。

■契約三点セットの4W1H

	When（いつ）	Who（誰が）	What（何を）	Whom（誰に）	How（どのように）
①重要事項説明書	ケアマネジメントの提供前（少なくとも初回の課題分析以前）	居宅介護支援事業者	利用者または家族に重要事項説明書を交付し説明を行う	利用者	同意を得る
②契約書	契約事項について了承した日	居宅介護支援事業者と契約者	契約内容を確認・同意し合う	お互い（それぞれの相手）	書類を交わし合う
③個人情報使用同意書	事業者等との連絡調整やサービス担当者会議等を行う前	利用者および家族の代表	個人情報の使用に関する内容について	居宅介護支援事業者	文書で包括同意をする

・介護保険における契約とは、重要事項説明書が基本

・重要事項説明書の署名（署名記載欄がある場合）については、本人の同意を得ていることがわかるか（本人の氏名になっているか）を確認しよう

ポイントメモ　ーさらに理解を深めるためにー

■重要事項説明書・契約書に関する部分の運営基準の抜粋

運営基準

第３章　運営に関する基準

（内容及び手続の説明及び同意）

★第４条　指定居宅介護支援事業者は、指定居宅介護支援の提供の開始に際し、あらかじめ、**利用申込者又はその家族に対し、**第18条に規定する運営規程の概要その他の利用申込者のサービスの選択に資すると認められる**重要事項を記した文書を交付して説明を行い、**当該提供の開始について**利用申込者の同意を得なければならない。**

（運営規程）

☆第18条　指定居宅介護支援事業者は、指定居宅介護支援事業所ごとに、次に掲げる事業の運営についての重要事項に関する規程（以下「運営規程」という。）として次に掲げる事項を定めるものとする。

一　事業の目的及び運営の方針

二　職員の職種、員数及び職務内容

三　営業日及び営業時間

四　指定居宅介護支援の提供方法、内容及び利用料その他の費用の額

五　通常の事業の実施地域

六　虐待の防止のための措置に関する事項

七　その他運営に関する重要事項

★：従うべき基準、☆：参酌すべき基準（以下同じ。15ページ参照）

重要事項説明書を介した法律行為が介護保険法令の契約ならば、契約書は不要と考えてよいのでしょうか？

前節（1-1→27ページ）の質問と続きで確認します。

「重要事項説明書の交付・説明・同意が介護保険法令でいうところの契約」とされるならば、契約時には契約書は不要と考えてもよいでしょうか？

契約時の書類については、利用者および従業者（ケアマネジャー）の双方から、「もう少し少なくならないのか？」と言われているため、必要のない書類でしたら１枚でも減らしたいと思っているのですが……。

考えてみよう！

以下のうち、いずれか１つを選択してください。

1：契約書は交わさなければならない。

2：契約書は原則として交わすべき。

2：契約書は原則として交わすべき。

根拠 運営基準第4条第1項、解釈通知第二の3(2)

1．利用者自身のサービス選択を保障する！

前節（1-1）で確認したとおり、介護サービスを提供する際には、介護保険の基本理念（高齢者自身によるサービス選択）を保障するため、重要事項説明書を活用した契約を締結することが必要です。利用者は、居宅介護支援事業者についても自由に選択することが可能です。利用者に事業所が選択されて初めて、居宅介護支援を提供できます。つまり、重要事項説明書を介した契約締結を済ませることがまずは必要になるのです。

なお、重要事項説明書の交付・説明・同意をもって、契約と介護保険法令上に示されている理由は、利用申込者の権利を擁護するためといわれています。具体的には、「文書により」や「書面により」とする契約を法令で規定することにより、利用申込者の口頭での解約を困難にしてしまうことを回避するためといわれています。

2．書面によって双方の立場を保護！

しかし、実際の支援においては、「通知の規定だから契約書を取らなくてもよい」とは言い切れない現状についても、併せて理解しておきましょう。

介護保険法令においては、重要事項説明書を交付したことや本人の同意をどのように受けるべきかなどの詳細は記載されていません。「交付と同意」の日付や内容が明確にわかる状態になっていない状況から、事業所と利用者の間で行き違いが起こり、「言った・言わない」の事態に陥ってしまう可能性もあります。この可能性を残したままでは、援助関係の構築が難しくなり、事業所やケアマネジャーも安心してケアマネジメントを提供できる環境にありません。このため、運営基準の解釈通知が示す、「なお、当該同意については、利用者及び指定居宅介護支援事業者双方の保護の立場から書面によって確認することが望ましいものである」を受け、契約書も使用し、契約を締結することが一般的なのです。

3．地域の実状にあわせた運用も確認を！

反面、契約を済ませないまま支援を提供し、「介護保険の契約は、重要事項説明書が基本。利用者に重要事項説明書を交付したが、事業所に控えを保存していない」などと、実地指導の際の言い逃れに利用しているなどの、不適切な対応をしている事業所等もあるそうです。

このため、利用者と事業者双方の保護の意味から、“重要事項説明書と契約書の2つをそろえて初めて契約と考える”などの厳密なルールを運営上は使用している保険者等もあると聞きます。地域の実状にあわせた運用等を行っている場合には、その指示に従いましょう。

・契約の目的は、介護保険の基本理念である“高齢者自身によるサービス選択”を保障するため

・利用者等との援助関係構築のためにも、適正な事業所経営の証拠としても、契約書を有効に活用しよう

ポイントメモ　―さらに理解を深めるために―

解釈通知

第二　指定居宅介護支援等の事業の人員及び運営に関する基準

3　運営に関する基準

(2)　内容及び手続きの説明及び同意

基準第4条は、基本理念としての高齢者自身によるサービス選択を具体化したものである。利用者は指定居宅サービスのみならず、指定居宅介護支援事業者についても自由に選択できることが基本であり、指定居宅介護支援事業者は、利用申込があった場合には、あらかじめ、当該利用申込者又はその家族に対し、当該指定居宅介護支援事業所の運営規程の概要、介護支援専門員の勤務の体制、秘密の保持、事故発生時の対応、苦情処理の体制等の利用申込者がサービスを選択するために必要な重要事項を説明書やパンフレット等の文書を交付して説明を行い、当該指定居宅介護支援事業所から居宅介護支援を受けることにつき同意を得なければならないこととしたものである。なお、**当該同意については、利用者及び指定居宅介護支援事業者双方の保護の立場から書面によって確認することが望ましい**ものである。(略)

契約時の運営基準減算は、どうすれば避けられるのでしょうか？

居宅介護支援事業所の新人管理者です。

「2018（平成30）年度と2021（令和3）年度の介護報酬改定において、契約関係書類に必要な記載がない場合には、運営基準減算になる」と聞きました。

契約時には、重要事項説明書・契約書など複数の書類を使用するため、どの書類に何を追加しなければならないのかわからずに混乱しています……。

運営基準減算を回避するためには、どの書類への記載が原則なのでしょうか？

考えてみよう！

以下から、最も適切なものを１つ選択してください。

1：原則として運営規程への記載が必要。

2：原則として契約書への記載が必要。

3：原則として重要事項説明書および重要事項説明書別紙への記載が必要。

最も適切なものは…

3：原則として重要事項説明書および重要事項説明書別紙への記載が必要。

根拠 運営基準第4条第2項、解釈通知第二の3(2)、算定基準別表イ注3、算定基準の解釈通知第三の6

1．契約における運営基準減算

2018（平成30）年度から契約に関する運営基準第4条第2項の規定を適切に取り扱えなかった場合には、運営基準減算が適用されることになり、さらに、2021（令和3）年度介護報酬改定にて、守るべき規定が追加されました（算定基準の解釈通知第三の6(1)）。

> **算定基準の解釈通知**
> **第三　居宅介護支援費に関する事項**
> **6　居宅介護支援の業務が適切に行われない場合**
> (1)　**指定居宅介護支援の提供の開始に際し、あらかじめ**利用者に対して、
> ・利用者は複数の指定居宅サービス事業者等を紹介するよう求めることができること
> ・利用者は居宅サービス計画に位置付けた指定居宅サービス事業者等の選定理由の説明を求めることができること
> ・前6月間に当該指定居宅介護支援事業所において作成された居宅サービス計画の総数のうちに訪問介護、通所介護、福祉用具貸与及び地域密着型通所介護（以下(1)において「訪問介護等」という。）がそれぞれ位置付けられた居宅サービス計画の数が占める割合及び前6月間に当該指定居宅介護支援事業所において作成された居宅サービス計画に

位置付けられた訪問介護等ごとの回数のうちに同一の指定居宅サービス事業者又は指定地域密着型サービス事業者によって提供されたものが占める割合

について文書を交付して説明を行っていない場合には、契約月から当該状態が解消されるに至った月の前月まで減算する。

2．利用者の自己決定を保障する

本章前節までで確認してきたとおり、事業者（法人）は、重要事項説明書を介した契約行為を経てからサービスを提供しなければなりません。これは、事業者と利用者・家族が、対等な関係を維持することで、利用者の自己決定・自己選択を保障するためです。

先に掲載した算定基準の解釈通知が示す、上2つの中点（・）は、重要事項説明書に位置づけ、3つ目の中点（・）は、半年ごと※に内容を変更し直近のものを使わなければいけないため、重要事項説明書別紙として、交付・説明・同意の義務を果たしましょう。

※　前期（3月1日から8月末日）と後期（9月1日から2月末日）の年2回、定期的に計算する。

まとめ

- 指定居宅介護支援事業所として、利用者の主体的な参加を後押ししよう
- 利用者に説明しなければならないことが、重要事項説明書および重要事項説明書別紙に記載されているか確認しよう

ポイントメモ　―さらに理解を深めるために―

■具体的な重要事項説明書等の記載例(参考)

重要事項説明書の2018（平成30）年改正と2021（令和3）年改正における追加部分の見本

居宅介護支援に係る事業所の義務について

① 指定居宅介護支援事業者は、指定居宅介護支援の提供の開始に際し、あらかじめ、利用者又はその家族に対し、利用者について、病院又は診療所に入院する必要が生じた場合には、介護支援専門員の氏名及び連絡先を当該病院又は診療所に伝えるよう求めます。

② 介護支援専門員は、指定居宅サービス事業者等から利用者に係る情報の提供を受けたとき、その他必要と認めるときは、利用者の口腔に関する問題、薬剤状況その他の利用者の心身又は生活の状況に係る情報のうち必要と認めるものを、利用者の同意を得て主治の医師、歯科医師又は薬剤師に提供します。

③ 介護支援専門員は、利用者が訪問看護、通所リハビリテーション等の医療サービスの利用を希望している場合その他必要な場合には、利用者の同意を得て主治の医師又は歯科医師（以下、「主治の医師等」）の意見を求めます。その場合において、介護支援専門員は、居宅サービス計画を作成した際には、当該居宅サービス計画を主治の医師等に交付します。

④ ケアプランは基本方針及び利用者の希望に基づき作成されるものであり、利用者は介護支援専門員に対して、複数の居宅サービス事業者等を紹介するよう求めること、当該事業所をケアプランに位置付けた理由を求めることができます。

⑤ 指定居宅介護支援事業者は、前6月間に作成されたケアプランの総数のうち、訪問介護、通所介護、福祉用具貸与、地域密着型通所介護（以下、「訪問介護等」）がそれぞれ位置付けられたケアプランの数が占める割合及び前6月間に当該居宅介護支援事業所において作成されたケアプランに位置付けられた訪問介護等ごとの回数のうちに同一のサービス事業者によって提供されたものが占める割合（上位3位）について文書を交付して説明を行います。（重要事項説明書別紙参照）

注：下線は2021（令和3）年度介護報酬改定にて追加された箇所

重要事項説明書別紙の記載例（見本）

重要事項説明書別紙

表　①ケアプランに位置づけたサービスの割合と②提供事業者の内訳（上位3位）

サービス	①ケアプランに位置づけた割合	②　①のうち、割合が多い事業者とその割合		
訪問介護	%	A事業所 %	E事業所 %	I事業所 %
通所介護	%	B事業所 %	F事業所 %	J事業所 %
地域密着型通所介護	%	C事業所 %	G事業所 %	K事業所 %
福祉用具貸与	%	D事業所 %	H事業所 %	L事業所 %

（対象期間：令和　年　月　日～令和　年　月　日）

令和　　年　　月　　日

私は、本書面により、事業者から居宅介護支援についての重要事項の説明を受け、同意いたします。

署名＿＿＿＿＿＿＿＿＿＿＿＿

算定基準別表

イ　居宅介護支援費（1月につき）

（略）

注3　**別に厚生労働大臣が定める基準に該当する場合**には、**運営基準減算**として、所定単位数の100分の50に相当する単位数を算定する。また、運営基準減算が2月以上継続している場合は、所定単位数は算定しない。

定める基準

八十二　居宅介護支援費における運営基準減算の基準

指定居宅介護支援等の事業の人員及び運営に関する**基準第4条第2項**並びに**第13条第7号**、**第9号から第11号**まで、**第14号及び第15号**（これらの規定を同条**第16号**において準用する場合を含む。）に定める規定に適合していないこと。

6　居宅介護支援の業務が適切に行われない場合

注3の「別に厚生労働大臣が定める基準に該当する場合」については、**大臣基準告示第82号**に規定することとしたところであるが、より具体的には次のいずれかに該当する場合に減算される。

これは適正なサービスの提供を確保するためのものであり、運営基準に係る規定を遵守するよう努めるものとする。市町村長（特別区の区長を含む。以下この第三において同じ。）は、当該規定を遵守しない事業所に対しては、遵守するよう指導すること。当該指導に従わない場合には、特別な事情がある場合を除き、指定の取消しを検討するものとする。

(1)　指定居宅介護支援の提供の開始に際し、あらかじめ利用者に対して、

・利用者は複数の指定居宅サービス事業者等を紹介するよう求めることができること

・利用者は居宅サービス計画に位置付けた指定居宅サービス事業者等の選定理由の説明を求めることができること

・前6月間に当該指定居宅介護支援事業所において作成された居宅サービス計画の総数のうちに訪問介護、通所介護、福祉用具貸与及び地域密着型通所介護（以下(1)において「訪問介護等」という。）がそれぞれ位置付けられた居宅サービス計画の数が占める割合及び前6月間に当該指定居宅介護支援事業所において作成された居宅サービス計画に位置付けられた訪問介護等ごとの回数のうちに同一の指定居宅サービス事業者又は指定地域密着型サービス事業者によって提供されたものが占める割合

について文書を交付して説明を行っていない場合には、契約月から当該状態が解消されるに至った月の前月まで減算する。

(2)　居宅サービス計画の新規作成及びその変更に当たっては、次の場合に減算されるものであること。

①　当該事業所の介護支援専門員が、利用者の居宅を訪問し、利用者及びその家族に面接していない場合には、当該居宅サービス計画に係る月（以下「当該月」という。）から当該状態が解消されるに至った月の前月まで減算する。

②　当該事業所の介護支援専門員が、サービス担当者会議の開催等を行っていない場合（やむを得ない事情がある場合を除く。以下同じ。）には、当該月から当該状態が解消されるに至った月の前月まで減算する。

③　当該事業所の介護支援専門員が、居宅サービス計画の原案の内容について利用者又はその家族に対して説明し、文書により利用者の同意を得た上で、居宅サービス計画を利用者及び担当者に交付していない場合には、当該月から当該状態が解消されるに至った月の前月まで減算する。

⑶ 次に掲げる場合においては、当該事業所の介護支援専門員が、サービス担当者会議等を行っていないときには、当該月から当該状態が解消されるに至った月の前月まで減算する。

① 居宅サービス計画を新規に作成した場合

② 要介護認定を受けている利用者が要介護更新認定を受けた場合

③ 要介護認定を受けている利用者が要介護状態区分の変更の認定を受けた場合

⑷ 居宅サービス計画の作成後、居宅サービス計画の実施状況の把握（以下「モニタリング」という。）に当たっては、次の場合に減算されるものであること。

① 当該事業所の介護支援専門員が1月に利用者の居宅を訪問し、利用者に面接していない場合には、特段の事情のない限り、その月から当該状態が解消されるに至った月の前月まで減算する。

② 当該事業所の介護支援専門員がモニタリングの結果を記録していない状態が1月以上継続する場合には、特段の事情のない限り、その月から当該状態が解消されるに至った月の前月まで減算する。

4 個人情報使用同意書の署名欄

? 個人情報使用同意書の署名欄はどのように設定をしたらよいのでしょうか？

居宅介護支援事業所の管理者です。事業所で使用している個人情報使用同意書について質問をします。

私の事業所で使用している個人情報使用同意書（次ページに提示した書式）について、近隣の居宅介護支援事業所の管理者から、「この書式では、法令上の規定を満たしていない部分がある」と指摘されました。

法令上の規定を満たしていないと言われても、自分ではどの部分が不適切なのか判断できず困っています……。

考えてみよう！

次ページに提示した個人情報使用同意書の記載のうち、法令上の規定を満たしていないため、最も不適切と判断できる箇所は、次のうちいずれでしょうか？

1：使用する目的(2)の「介護保険施設に入所することに伴う」

2：使用する期間の「契約書で定める期間」

3：署名欄の「代理人」

個人情報使用同意書

私（利用者）及びその家族の個人情報については、下記のとおり必要最小限の範囲で使用することに同意します。

記

1．使用する目的

⑴ 居宅サービス計画に沿って円滑にサービスを提供するために実施されるサービス担当者会議及び担当者等との連絡調整等において必要な場合
⑵ 介護保険施設に入所することに伴う必要最小限度の情報の提供
⑶ 事故発生時における行政機関等への報告等に使用する場合
⑷ 法定研修等の実習生の受入れに使用する場合

2．使用する範囲：提供を受けるすべての担当者等で、1．の目的にかかわる者（以下、「関係者」とします）

3．使用する期間：契約書で定める期間

4．使用する条件

⑴ 個人情報の使用は、1．に記載する目的の範囲内で必要最小限にとどめるものとし、提供にあたっては関係者以外の者に漏れることのないよう細心の注意を払うこと
⑵ 個人情報を使用した会議においては、出席者、議事内容等を記録しておくこと

5．取扱い責任者：あたごケアマネ事業所管理者

以上

あたごケアマネ事業所　殿

年　　月　　日

<利用者>　　住所
　　　　　　　氏名

<代理人>　　住所
　　　　　　　氏名

3：署名欄の「代理人」

根拠 運営基準第23条第3項、解釈通知第二の3⒅③

1．個人情報を使用する際のルール

介護保険のサービスを提供するためには、個人の情報（生活歴や病歴、生活機能、家族関係、経済状況など）を使用することが必要となります。

介護保険の専門職は、個人情報を使用しないとサービスが提供できないことを理解していますから、当然のように情報提供を促すような働きかけをしています。しかし、初めて介護保険サービスと接する利用者や家族は、戸惑うこともあるでしょう。

利用者や家族に、情報をどのように使用するのかについて、丁寧に説明するとともに、あらかじめ個人情報使用に関する同意を文書で得ておく必要があります（運営基準第23条第3項）。

> **運営基準**
>
> **第23条（秘密保持）**
>
> 3　指定居宅介護支援事業者は、サービス担当者会議等において、**利用者の個人情報を用いる場合は利用者の同意**を、**利用者の家族の個人情報を用いる場合は当該家族の同意**を、あらかじめ文書により得ておかなければならない。

2．署名欄の工夫

利用者だけの同意を確認すればよいとされている重要事項説明書とは異なり、個人情報使用同意書の署名欄には、利用者と家族の署名欄の両方を設けておく必要があります。

「代理人」欄は、利用者の同意を代理して受けている人を明確にするために設けられています。本問で提示した個人情報使用同意書は、利用者と代理人のみとなっているため、利用者の欄しか設けられていない、すなわち「家族」の同意を得られない書式になっているため、不適切です。

なお、居宅介護支援で活用する個人情報使用同意書に家族の署名欄を設ける際には、解釈通知第二の3⒅③にあるとおり、「家族の代表」という表記が望ましいでしょう（ポイントメモ参照）。

まとめ

・個人情報使用同意書の署名欄に、「利用者」分と「家族の代表」分があるかを確認しよう

・家族の同意は漏れやすいため、担当している利用者の個人情報使用同意書を確認してみよう

・家族の同意については、「家族の代表」から受けることでよいとなっているが、通知が根拠となっているため、家族からの申し出や希望（全員の家族から取ってほしい）等があった場合には、家族の希望等に沿った対応をしよう

■居宅介護支援事業所における
個人情報使用同意書の見本と記載のポイント

個人情報使用同意書

私（利用者）及びその家族の個人情報については、下記のとおり必要最小限の範囲で使用することに同意します。

記

1．使用する目的 ❶

⑴ 居宅サービス計画に沿って円滑にサービスを提供するために実施されるサービス担当者会議及び担当者等との連絡調整等において必要な場合
⑵ 介護保険施設に入所することに伴う必要最小限度の情報の提供
⑶ 事故発生時における行政機関等への報告等に使用する場合
⑷ 法定研修等の実習生の受入れに使用する場合

2．使用する範囲：提供を受けるすべての担当者等で、1．の目的にかかわる者（以下、「関係者」とします）

3．使用する期間：契約書で定める期間 ❷

4．使用する条件

⑴ 個人情報の使用は、1．に記載する目的の範囲内で必要最小限にとどめるものとし、提供にあたっては関係者以外の者に漏れることのないよう細心の注意を払うこと ❸
⑵ 個人情報を使用した会議においては、出席者、議事内容等を記録しておくこと ❹

❺

5．取扱い責任者：あたごケアマネ事業所管理者

以上

❻

あたごケアマネ事業所　殿

年　月　日

<利用者>　住所
❼　氏名

<家族の代表>　住所
❽　氏名

利用者は、心身の状況等により署名ができないため、利用者本人の意思を確認のうえ、私が利用者に代わって署名を代筆しました。

<署名代筆者>
❾　住所（所属・職等）❿
氏名

見本として提示します。地域等の実状に応じた必要な内容を追加・修正してご活用ください。

1 居宅介護支援の場合、使用目的として、少なくとも①サービス担当者会議（運営基準第13条第9号・第15号他）、②モニタリングを含む連絡調整（同第13条第13号他）、③施設入所希望時の紹介（同第13条第17号）は記載が必要です。

2 契約書を交わさない事業所や、契約前にサービス担当者会議等に参加する場合等においては、「契約書」の部分を「重要事項説明書」として使用します。

3 秘密の保持（安全保護）の徹底を記載します。

4 何が記録として残るのか（後日情報開示できる資料は何か）を明記します。

5 開示や訂正等の窓口は、事業所の責任者である管理者が望ましいと考えます。

6 本人および家族から事業所宛てに出す書類のため、宛先は事業所宛てとなります。

7 個人の情報ですから、利用者は利用者から、家族は家族の代表からそれぞれ包括同意をいただきます。

8 家族からの同意も必要です。この欄を「代理人」とした場合は、本人の代理、つまり“本人”となるため、家族から同意をいただいたことにはなりません。

9 本人の自筆が得られなかった場合は、代筆者を明確にします。

10 一人暮らしの方など、サービス事業所の職員に署名を代筆してもらう場合には、代筆者の事業所（所属等）を記載します。

ポイントメモ　ーさらに理解を深めるためにー

■個人情報使用同意書に関する部分の運営基準の抜粋と解釈通知の抜粋対応表

運営基準	解釈通知　第二の3
（秘密保持） ★第23条 3　指定居宅介護支援事業者は、サービス担当者会議等において、**利用者の個人情報を用いる場合は利用者の同意**を、**利用者の家族の個人情報を用いる場合は当該家族の同意**を、あらかじめ文書により得ておかなければならない。	⒅　秘密保持 ③　同条第3項は、介護支援専門員及び居宅サービス計画に位置付けた各居宅サービスの担当者が課題分析情報等を通じて利用者の有する問題点や解決すべき課題等の個人情報を共有するためには、**あらかじめ、文書により利用者及びその家族から同意を得る必要がある**ことを規定したものであるが、この同意については、指定居宅介護支援事業者が、指定居宅介護支援開始時に、**利用者及びその家族の代表から**、連携するサービス担当者間で個人情報を用いることについて包括的に同意を得ることで足りるものである。

電磁的方法による交付

重要事項説明書等をメールで交付する場合は、どのような点に留意すべきでしょうか？

利用者との信頼関係構築のためにも、重要事項説明書等の契約関係の書類については、対面でやりとりをすることが事業者（法人）の方針です。

しかし、今後、契約書類について、電磁的方法で交付をする事例が出たときのために、やり方の確認をしておきたいと思います。

メール等でやりとりをすると署名（利用者自身が自分の氏名を記載すること）や記名・押印を受けられません。契約締結に関しても電子媒体でのやりとりをする場合は、これらは不要と考えてよいのでしょうか？

考えてみよう！

以下から、最も適切なものを１つ選択してください。

1：署名や記名・押印は一律不要である。

2：電子署名等の活用が望ましい。

3：原則として署名や記名・押印が必要。

最も適切なものは…

2：電子署名等の活用が望ましい。

根拠 運営基準第4条、第31条第1項・第2項、解釈通知第二の5(1)・(2)、「押印についてのQ＆A（令和2年6月19日内閣府・法務省・経済産業省）」

1．電磁的方法による取扱い

2021（令和3）年度より、利用者およびその家族等（以下、「利用者等」）の利便性向上ならびに事業者等の業務負担軽減等の観点から、指定居宅介護支援事業者が、交付、説明、同意、承諾その他これらに類するもの（以下、「交付等」）のうち、運営基準の規定において書面で行うことが規定されているまたは想定されるものについては、当該交付等の相手方の承諾を得て、書面に代えて、電磁的方法（電子的方法、磁気的方法その他人の知覚によっては認識することができない方法をいう。）によることが可能となりました（運営基準第31条第2項）。

このため、重要事項説明書等の契約書類についても、利用申込者の承諾を得て、書面に代えて電磁的記録によることができるようになりました（運営基準第31条第1項）。

2．取扱いの留意事項

ただし、運営基準は、「取り扱わねばならない」ではなく、「取り扱うことができる」規定です。

つまり、適切な取扱いができることが前提ですから、電磁的方法での契約ができるようになった！　と飛びつくのではなく、原則的な取扱いを理解し、実践する必要があります（解釈通知第二の5⑵）。

解釈通知
第二の5
⑵　電磁的方法について

①　電磁的方法による交付は、基準第4条第2項から第8項までの規定に準じた方法によること。

②　電磁的方法による同意は、例えば電子メールにより利用者等が同意の意思表示をした場合等が考えられること。なお、「押印についてのQ&A（令和2年6月19日内閣府・法務省・経済産業省)」を参考にすること。

③　電磁的方法による締結は、利用者等・事業者等の間の契約関係を明確にする観点から、**書面における署名又は記名・押印に代えて、電子署名を活用することが望ましい**こと。なお、「押印についてのQ&A（令和2年6月19日内閣府・法務省・経済産業省)」を参考にすること。

④　その他、基準第31条第2項において電磁的方法によることができるとされているものは、①から③までに準じた方法によること。ただし、基準又はこの通知の規定により電磁的方法の定めがあるものについては、当該定めに従うこと。

⑤　また、電磁的方法による場合は、個人情報保護委員会・厚生労働省「医療・介護関係事業者における個人情報の適切な取扱いのためのガイダンス」及び厚生労働省「医療情報システムの安全管理に関するガイドライン」等を遵守すること。

確認したとおり、契約締結に関する電磁的方法については、「書面における署名又は記名・押印に代えて、電子署名を活用することが望ましい」という一文が付されています。

このため、実際の運用に関しては、適切に取り扱う準備が整っている事業者は、電磁的記録を活用した契約行為を2021（令和3）年度から始め、適切な取扱いの準備に調整等がかかる事業者等は、書面での契約行為を継続するなど、事業者（法人）の方針によってさまざまな対応をしている印象を受けています。

世間一般で急激な広がりを続ける電子化の波は、指定書式や届出様式の変更、メールやSNSの活用の仕方など、ケアマネジメントの手順にも大きな影響を与えています。

また、今後も政府の方針や技術の進歩革新等により、利用者等への説明・同意についてはますます多様化していく可能性があります。

利用者等の利便性向上と個人情報保護の徹底を図り、事業者としてどのような運用をすることが望ましいかについて、現場の声を届けて議論を重ねるとともに、地域においてどのような運用がより適切なのかについて、仲間とともに確認し合う機会が今まで以上に必要になるのです。

まとめ

- 重要事項説明書等については、利用（申込）者の承諾を得て、書面に代えて電磁的記録を活用した契約も可能
- 署名や記名・押印に代わる適切な取扱い（電子署名等）の導入も検討しよう

ポイントメモ ―さらに理解を深めるために―

運営基準　第31条	解釈通知　第二の5　雑則
☆2　指定居宅介護支援事業者及び指定居宅介護支援の提供に当たる者は、交付、説明、同意、承諾その他これらに類するもの（以下「交付等」という。）のうち、この省令の規定において書面で行うことが規定されている又は想定されるものについては、当該交付等の相手方の承諾を得て、書面に代えて、電磁的方法（電子的方法、磁気的方法その他人の知覚によって認識することができない方法をいう。）によることができる。	(2)　電磁的方法について 基準第31条第2項は、利用者及びその家族等（以下「利用者等」という。）の利便性向上並びに事業者等の業務負担軽減等の観点から、事業者等は、書面で行うことが規定されている又は想定される交付等（交付、説明、同意、承諾、締結その他これに類するものをいう。）について、**事前に利用者等の承諾を得た上で**、次に掲げる電磁的方法によることができることとしたものである。 ①　電磁的方法による交付は、基準第4条第2項から第8項までの規定に準じた方法によること。 ②　電磁的方法による同意は、例えば電子メールにより利用者等が同意の意思表示をした場合等が考えられること。なお、「押印についてのQ＆A（令和2年6月19日内閣府・法務省・経済産業省）」を参考にすること。 ③　電磁的方法による締結は、利用者等・事業者等の間の契約関係を明確にする観点から、**書面における署名又は記名・押印に代えて、電子署名を活用することが望ましい**こと。なお、「押印についてのQ＆A（令和2年6月19日内閣府・法務省・経済産業省）」を参考にすること。 ④　その他、基準第31条第2項において電磁的方法によることができるとされているものは、①から③までに準じた方法によること。ただし、基準又はこの通知の規定により電磁的方法の定めがあるものについては、当該定めに従うこと。 ⑤　また、電磁的方法による場合は、個人情報保護委員会・厚生労働省「医療・介護関係事業者における個人情報の適切な取扱いのためのガイダンス」及び厚生労働省「医療情報システムの安全管理に関するガイドライン」等を遵守すること。

押印についてのQ&A（令和2年6月19日内閣府・法務省・経済産業省）

問6. 文書の成立の真正を証明する手段を確保するために、どのようなものが考えられるか。

・次のような様々な立証手段を確保しておき、それを利用することが考えられる。

① 継続的な取引関係がある場合

➢ 取引先とのメールのメールアドレス・本文及び日時等、送受信記録の保存（請求書、納品書、検収書、領収書、確認書等は、このような方法の保存のみでも、文書の成立の真正が認められる重要な一事情になり得ると考えられる。）

② 新規に取引関係に入る場合

➢ 契約締結前段階での本人確認情報（氏名・住所等及びその根拠資料としての運転免許証など）の記録・保存

➢ 本人確認情報の入手過程（郵送受付やメールでのPDF送付）の記録・保存

➢ 文書や契約の成立過程（メールやSNS上のやり取り）の保存

③ 電子署名や電子認証サービスの活用（利用時のログインID・日時や認証結果などを記録・保存できるサービスを含む。）

・上記①、②については、文書の成立の真正が争われた場合であっても、例えば下記の方法により、その立証が更に容易になり得ると考えられる。また、こういった方法は技術進歩により更に多様化していくことが想定される。

(a) メールにより契約を締結することを事前に合意した場合の当該合意の保存

(b) PDFにパスワードを設定

(c) (b)のPDFをメールで送付する際、パスワードを携帯電話等の別経路で伝達

(d) 複数者宛のメール送信（担当者に加え、法務担当部長や取締役等の決裁権者を宛先に含める等）

(e) PDFを含む送信メール及びその送受信記録の長期保存

運営規程への追加と届出

運営規程への追加・届出義務があるのは、いずれの項目でしょうか？

2021（令和3）年度の制度改正において、①感染症対策の強化、②業務継続に向けた取組の強化、③高齢者虐待防止の推進の3項目に関し、3年間の経過措置期間の間に適切に運営することが事業者に義務づけられました。

近隣の事業所に聞いたところ、3項目すべてを運営規程に位置づけ届出をする（予定を含む。以下同じ）事業所や、虐待防止のみを運営規程に位置づけ届出をする事業所、3項目に加えてハラスメント対策も運営規程に位置づけ届出をする事業所など、対応はそれぞれでした。

今回追加された3項目に関する、運営規程への追加や届出については、どのように考えればよいのでしょうか？

考えてみよう！

以下から、最も適切なものを1つ選択してください。

1：3つの項目すべてを、運営規程に追加・届出をする法令上の義務がある。

2：高齢者虐待防止については、運営規程に追加・届出の法令上の義務がある。

3：3つの項目すべて、運営規程への追加・届出の法令上の義務はない（すべて法人が判断できる）。

最も適切なものは…

2：高齢者虐待防止については、運営規程に追加・届出の法令上の義務がある。

根拠 運営基準第18条、第27条の2、解釈通知第二の3⑿

1．2021（令和3）年度介護報酬改定

2021（令和3）年度介護報酬改定は、サービス横断的に幅広く、そして複雑で多岐にわたる大規模な改正になったといわれています。

なかでも、全サービスに義務が付された①感染症対策の強化、②業務継続に向けた取組の強化、③高齢者虐待防止の推進の3項目は、事業者にとって準備や運営に負担が大きいことが推測されています。

また、いずれも3年間の経過措置期間を与えられているため、実施時期は事業者に任されていますが、実施前だとしても、2021（令和3）年度からは、実行の（運用に）努力義務が付されていることにも注意が必要です。

2．運営規程とは

運営規程とは、指定居宅介護支援事業者が、指定居宅介護支援の事業の適正な運営および利用者等に対する適切な指定居宅介護支援の提供を確保するため、指定居宅介護支援事業所の事業運営についての重要事項に関する内容を取りまとめたものです。

つまり、事業者が考える事業所運営に関する個々の決まり（規定、条項、ルール）を1つにまとめたものを、「運営規程」と呼びます。

ただし、すべてを事業者だけで決定することはできません。事業者は事業所ごとに、運営基準第18条第1号～第7号に示されている重要事項については、運営規程に位置づけねばなりません。

■運営規程に位置づける重要事項（運営基準第18条第1号～第7号）

一	事業の目的及び運営の方針
二	職員の職種、員数及び職務内容
三	営業日及び営業時間
四	指定居宅介護支援の提供方法、内容及び利用料その他の費用の額
五	通常の事業の実施地域
六	虐待の防止のための措置に関する事項
七	その他運営に関する重要事項

2021（令和3）年度介護報酬改定で追加された3項目（①感染症対策、②業務継続に向けた取組、③高齢者虐待防止）のうち、③高齢者虐待防止については、運営基準第18条第6号に該当しますから、変更と変更後の速やかな届出が必須です。

反対に、①感染症対策や②業務継続に向けた取組については、同条第7号（その他運営に関する重要事項）に該当すると判断する事業者は、運営規程の追加変更と届出を行い、該当しないと判断する事業者は、変更・届出が不要となるのです。

このため、本問の答えは、「**2**：高齢者虐待防止については、運営規程に追加・届出の法令上の義務がある」が正解となります。

まとめ

- 運営規程の変更と届出については、運営基準第18条第1号～第7号に示された内容を満たす必要がある
- 第7号に関する内容は、事業者の判断により差が生じる

ポイントメモ　ーさらに理解を深めるためにー

運営基準	解釈通知　第二の3
（運営規程） ☆第18条　指定居宅介護支援事業者は、指定居宅介護支援事業所ごとに、次に掲げる事業の運営についての重要事項に関する規程（以下「運営規程」という。）として次に掲げる事項を定めるものとする。 一　事業の目的及び運営の方針 二　職員の職種、員数及び職務内容 三　営業日及び営業時間 四　指定居宅介護支援の提供方法、内容及び利用料その他の費用の額 五　通常の事業の実施地域 **六　虐待の防止のための措置に関する事項** 七　その他運営に関する重要事項	⑿　運営規程 基準第18条は、指定居宅介護支援の事業の適正な運営及び利用者等に対する適切な指定居宅介護支援の提供を確保するため、同条第1号から第7号までに掲げる事項を内容とする規定を定めることを指定居宅介護支援事業所ごとに義務づけたものである。特に次の点に留意する必要がある。 ①　職員の職種、員数及び職務内容（第2号） 職員については、介護支援専門員とその他の職員に区分し、員数及び職務内容を記載することとする。職員の「員数」は日々変わりうるものであるため、業務負担軽減等の観点から、規程を定めるに当たっては、基準第2条において置くべきとされている員数を満たす範囲において、「○人以上」と記載することも差し支えない（基準第4条に規定する重要事項を記した文書に記載する場合についても、同様とする。）。 ②　指定居宅介護支援の提供方法、内容及び利用料その他の費用の額（第4号） 指定居宅介護支援の提供方法及び内容については、利用者の相談を受ける場所、課題分析の手順等を記載するものとする。 ③　通常の事業の実施地域（第5号） 通常の事業の実施地域は、客観的にその区域が特定されるものとすること。なお、通常の事業の実施地域は、利用申込に係る調整等の観点からの目安であり、当該地域を越えて指定居宅介護支援が行われることを妨げるものではない。 ④　虐待の防止のための措置に関する事項（第6号） ㉒の虐待の防止に係る、組織内の体制（**責任者の選定**、従業者への**研修方法**や**研修計画等**）や虐待又は虐待が疑われる事案（以下「**虐待等**」という。）**が発生した場合の対応方法等**を指す内容であること。

第2章 課題分析（アセスメント）

1 アセスメントシートの項目

2 アセスメントの適切な方法

3 運営基準減算（アセスメント）

アセスメントシートの項目

「実施日」「実施場所」「被面接者」は、アセスメントシートに記載すべきですか？

私の勤める事業所では、自社作成のアセスメントシートを使用しています。このシートには、アセスメントの「記載日」欄はあるのですが、「実施日」「実施場所」「被面接者」の欄がありません。

疑問に思って事業所内で確認したところ、実施日や実施場所、被面接者については、居宅介護支援経過（第５表）に記載しているケアマネジャーと、特に記載していないケアマネジャーに分かれていることがわかりました……。

アセスメントシートを修正し、実施日、実施場所、被面接者の欄を作ったほうがよいですか？

考えてみよう！

以下のうち、いずれか１つを選択してください。

1：アセスメントシートに、アセスメントの実施日、実施場所、被面接者の欄を設けるほうがよい。

2：アセスメントシートには、アセスメントの実施日、実施場所、被面接者を記載する必要はない。

最も適切なものは…

1：アセスメントシートに、アセスメントの実施日、実施場所、被面接者の欄を設けるほうがよい。

根拠　運営基準第13条第6号・第7号、解釈通知第二の3(8)⑥・⑦、標準様式通知別紙4

1．利用者宅を訪問して面接を実施！

アセスメントのルールとしては、ケアプランの作成に当たり、「適切な方法」で行うこと（運営基準第13条第6号）、利用者の居宅を訪問し、利用者および家族と面接を行い実施すること（同条第7号）が必要となります。

このため、アセスメントシートからは、以下の内容が把握できる必要があります。

①利用者の居宅を訪問し、利用者と面接したこと（訪問できない物理的理由がある場合は、その理由）

②①の実施日における課題分析標準項目を具備したアセスメントの結果（内容）

併せて、①を満たしていない場合には、運営基準減算が適用されるため、注意が必要です。

2．支援経過への記載は、漏れ・誤記に要注意！

居宅介護支援経過（第5表）に、アセスメントの実施日等の必要な情報を記載しているケアマネジャーもいます。アセスメントシートか居宅介護支援経過のいずれかに必要な情報が記載されていれば問題はないと判断しますが、アセスメントシートと居宅介護支援経過に重複記載した場合、記載をするケアマネジャーの負担だけではなく、記載漏れや日付の誤記などが生じることもあります。

忙しいケアマネジャーの記載の手間（時間）や保存が必要な文書の量を少しでも減らすため、アセスメントシートに、アセスメントの、①実施日、②実施場所、③被面接者、が明確になるよう記載欄を設け、併せて適切な方法で行っている（課題分析標準項目を具備する）ことがわかるように工夫しましょう。

■アセスメントシートの抜粋例

<table>
<tr><td colspan="3">作成年月日①
年 月 日</td><td colspan="2">作成年月日②
年 月 日</td><td colspan="2">作成年月日③
年 月 日</td></tr>
<tr><td colspan="7">**アセスメントシート　基本情報**</td></tr>
<tr><td>1回目</td><td rowspan="3">実施日</td><td>年 月 日</td><td rowspan="3">実施場所</td><td></td><td rowspan="3">被面接者</td><td>本人・</td></tr>
<tr><td>2回目</td><td>年 月 日</td><td></td><td>本人・</td></tr>
<tr><td>3回目</td><td>年 月 日</td><td></td><td>本人・</td></tr>
<tr><td colspan="2">アセスメント理由</td><td colspan="2">1回目</td><td colspan="2">2回目</td><td>3回目</td></tr>
</table>

<table>
<tr><td>ふりがな</td><td colspan="3"></td><td>性別</td><td rowspan="2">生年月日</td><td rowspan="2"></td><td rowspan="2">歳</td></tr>
<tr><td>利用者氏名</td><td colspan="3"></td><td></td></tr>
<tr><td>住　所</td><td colspan="4"></td><td colspan="3">家族構成図</td></tr>
<tr><td>電話番号</td><td colspan="4"></td><td colspan="3" rowspan="6"></td></tr>
<tr><td rowspan="5">家族構成</td><td>氏　名</td><td>続柄</td><td>年齢</td><td>健康状態</td></tr>
<tr><td></td><td></td><td></td><td></td></tr>
<tr><td></td><td></td><td></td><td></td></tr>
<tr><td></td><td></td><td></td><td></td></tr>
<tr><td></td><td></td><td></td><td></td></tr>
</table>

アセスメントシートのチェックポイント

□アセスメントの実施日がわかる

□アセスメントの実施日がケアプラン（原案）の作成日よりも前（もしくは同じ日）になっている

□自宅に訪問し、本人および家族と面接のうえ、アセスメントをしていることがわかる

□（自宅でアセスメントを実施していない場合）物理的な理由がわかる

ポイントメモ　ーさらに理解を深めるためにー

■アセスメントの留意点

運営基準　第13条	解釈通知　第二の3(8)
★七　介護支援専門員は、前号に規定する解決すべき課題の把握（以下「アセスメント」という。）に当たっては、**利用者の居宅を訪問**し、**利用者及びその家族に面接**して行わなければならない。この場合において、介護支援専門員は、面接の趣旨を利用者及びその家族に対して十分に説明し、理解を得なければならない。	⑦　課題分析における留意点（第７号） 介護支援専門員は、解決すべき課題の把握（以下「アセスメント」という。）に当たっては、利用者が入院中であることなど物理的な理由がある場合を除き**必ず利用者の居宅を訪問**し、**利用者及びその家族に面接**して行わなければならない。この場合において、利用者やその家族との間の信頼関係、協働関係の構築が重要であり、介護支援専門員は、面接の趣旨を利用者及びその家族に対して十分に説明し、理解を得なければならない。なお、このため、介護支援専門員は面接技法等の研鑽に努めることが重要である。 また、当該アセスメントの結果について記録するとともに、基準第29条第2項の規定に基づき、当該記録は、2年間保存しなければならない。

2 アセスメントの適切な方法

アセスメントの「適切な方法」は、居宅介護支援事業者が決められるのですか？

居宅のケアマネジャーです。アセスメントの「適切な方法」について質問をします。

先日、研修に参加した際に、私のグループの担当をした講師（施設の主任介護支援専門員。現職は施設長）が、「アセスメントの『適切な方法』については事業者や施設が責任をもって決める」とおっしゃっていました。

アセスメントの「適切な方法」とは、どこが定めるものなのでしょうか？

考えてみよう！

以下から、最も適切なものを１つ選択してください。

1：アセスメントにおける「適切な方法」は、原則として、居宅介護支援事業者が定める。

2：アセスメントにおける「適切な方法」は、原則として、保険者が定める。

3：アセスメントにおける「適切な方法」は、原則として、国が定める。

最も適切なものは…

3：アセスメントにおける「適切な方法」は、原則として、国が定める。

根拠 運営基準第13条第6号、解釈通知第二の3⑻⑥、標準様式通知別紙4

理解が深まる解説

「適切な方法」でアセスメントを実施する

アセスメントは、利用者の課題を客観的に抽出するための手法として、合理的なものと認められる「適切な方法」で行わなければなりません。そして、ここでいう「適切な方法」とは、標準様式通知の別紙4に示された23の項目（課題分析標準項目）を「具備する」、すなわち、完全にそろえることを意味しています（運営基準第13条第6号、解釈通知第二の3⑻⑥、標準様式通知別紙4）。

自社等で作成したアセスメントシートを利用している場合には、漏れている項目がないかなど、再確認しましょう。

まとめ

・アセスメントは、厚生労働省が示す「適切な方法」で実施する

■課題分析標準項目

基本情報に関する項目

No.	標準項目名	項目の主な内容（例）
1	基本情報（受付、利用者等基本情報）	居宅サービス計画作成についての利用者受付情報（受付日時、受付対応者、受付方法等）、利用者の基本情報（氏名、性別、生年月日、住所・電話番号等の連絡先）、利用者以外の家族等の基本情報について記載する項目
2	生活状況	利用者の現在の生活状況、生活歴等について記載する項目
3	利用者の被保険者情報	利用者の被保険者情報（介護保険、医療保険、生活保護、身体障害者手帳の有無等）について記載する項目
4	現在利用しているサービスの状況	介護保険給付の内外を問わず、利用者が現在受けているサービスの状況について記載する項目
5	障害老人の日常生活自立度	障害老人の日常生活自立度について記載する項目
6	認知症である老人の日常生活自立度	認知症である老人の日常生活自立度について記載する項目
7	主訴	利用者及びその家族の主訴や要望について記載する項目
8	認定情報	利用者の認定結果（要介護状態区分、審査会の意見、支給限度額等）について記載する項目
9	課題分析（アセスメント）理由	当該課題分析（アセスメント）の理由（初回、定期、退院退所時等）について記載する項目

課題分析（アセスメント）に関する項目

No.	標準項目名	項目の主な内容（例）
10	健康状態	利用者の健康状態（既往歴、主傷病、症状、痛み等）について記載する項目
11	ADL	ADL（寝返り、起きあがり、移乗、歩行、着衣、入浴、排泄等）に関する項目
12	IADL	IADL（調理、掃除、買物、金銭管理、服薬状況等）に関する項目
13	認知	日常の意思決定を行うための認知能力の程度に関する項目
14	コミュニケーション能力	意思の伝達、視力、聴力等のコミュニケーションに関する項目
15	社会との関わり	社会との関わり（社会的活動への参加意欲、社会との関わりの変化、喪失感や孤独感等）に関する項目
16	排尿・排便	失禁の状況、排尿排泄後の後始末、コントロール方法、頻度などに関する項目
17	じょく瘡・皮膚の問題	じょく瘡の程度、皮膚の清潔状況等に関する項目
18	口腔衛生	歯・口腔内の状態や口腔衛生に関する項目
19	食事摂取	食事摂取（栄養、食事回数、水分量等）に関する項目
20	問題行動	問題行動（暴言暴行、徘徊、介護の抵抗、収集癖、火の不始末、不潔行為、異食行動等）に関する項目
21	介護力	利用者の介護力（介護者の有無、介護者の介護意思、介護負担、主な介護者に関する情報等）に関する項目
22	居住環境	住宅改修の必要性、危険個所等の現在の居住環境について記載する項目
23	特別な状況	特別な状況（虐待、ターミナルケア等）に関する項目

ポイントメモ ―さらに理解を深めるために―

運営基準	解釈通知　第二
第３章　運営に関する基準 （指定居宅介護支援の具体的取扱方針） 第13条 ☆六　介護支援専門員は、居宅サービス計画の作成に当たっては、**適切な方法により**、利用者について、その有する能力、既に提供を受けている指定居宅サービス等のその置かれている環境等の評価を通じて利用者が現に抱える問題点を明らかにし、利用者が自立した日常生活を営むことができるように支援する上で解決すべき課題を把握しなければならない。	３　運営に関する基準 (8)　指定居宅介護支援の基本取扱方針及び具体的取扱方針 ⑥　課題分析の実施（第６号） 居宅サービス計画は、個々の利用者の特性に応じて作成されることが重要である。このため介護支援専門員は、居宅サービス計画の作成に先立ち利用者の課題分析を行うこととなる。 課題分析とは、利用者の有する日常生活上の能力や利用者が既に提供を受けている指定居宅サービスや介護者の状況等の利用者を取り巻く環境等の評価を通じて利用者が生活の質を維持・向上させていく上で生じている問題点を明らかにし、利用者が自立した日常生活を営むことができるように支援する上で解決すべき課題を把握することであり、利用者の生活全般についてその状態を十分把握することが重要である。 なお、当該課題分析は、介護支援専門員の個人的な考え方や手法のみによって行われてはならず、利用者の課題を客観的に抽出するための手法として合理的なものと認められる適切な方法を用いなければならないものであるが、この課題分析の方法については、**別途通知する**ところによるものである。

標準様式通知　別紙4　課題分析標準項目について
Ⅰ　基本的な考え方 介護サービス計画作成の前提となる課題分析については、介護支援専門員の個人的な考え方や手法のみによって行われてはならず、要介護者等の有する課題を客観的に抽出するための手法として合理的なものと認められる適切な方法を用いなければならない。 この課題分析の方式については、「指定居宅介護支援等の事業の人員及び運営に関する基準について」第二の3の(8)⑥において、別途通知するところによるものとしているところであるが、当該「基準解釈通知」の趣旨に基づき、**個別の課題分析手法について「本標準課題分析項目」を具備することをもって、それに代えることとする**ものである。

注：下線部は2021（令和3）年の改正に伴い、読み替えて使用する部分の読み替え後の内容である。

アセスメント面接を利用者の居宅以外で実施した場合には、減算になるのでしょうか？

先月末（27日）に新規の利用者を担当し、翌日（28日）からのサービス利用の希望が強かったため、契約日に通所介護事業所へ見学に行き、その場で本人および家族と面接によるアセスメントを実施しました。

その日の午後に、ケアプラン原案を作成、サービス担当者会議を行い、ケアプランを確定させ、翌日（28日）からはサービスを利用できました。

なお、モニタリングは、事前に保険者の了解を得たうえで、今月の月初（2日）に居宅で、本人と面接しています。

考えてみよう！

先月分の居宅介護支援費を算定する際に、アセスメントの運営基準減算に該当しますか？

1：運営基準減算に該当する。

2：運営基準減算には該当しない。

最も適切なものは…

1：運営基準減算に該当する。

根拠 運営基準第13条第7号、解釈通知第二の3(8)⑦、算定基準別表イ注3、定める基準第82号、算定基準の解釈通知第三の6

1. アセスメントとは

ケアプランを作成する際には、アセスメントを行うことが義務づけられています。アセスメントとは、ケアマネジャーと本人が協働で行う、情報収集・分析をもとに、利用者が現に抱える問題点を明らかにし、支援するうえで解決すべき課題を把握する過程を指す言葉です（運営基準第13条第6号）。

また、アセスメントの実施場所等については、運営基準第13条第7号に「介護支援専門員は、前号に規定する解決すべき課題の把握（略）に当たっては、利用者の居宅を訪問し、利用者及びその家族に面接して行わなければならない。（略）」と、示されています。

2. アセスメントにおける運営基準減算

アセスメントにおいて、運営基準第13条第7号（居宅訪問、本人面接）を満たさない場合は、基準を満たすまでの月は、運営基準減算（運営基準を適正に実施していない場合は、居宅介護支援費が減算となる）に該当するため特に注意が必要です。

具体的には、算定基準の解釈通知第三の6(2)①に示されているとおり、「当該事業所の介護支援専門員が、利用者の居宅を訪問し、利用者及びその家族に面接していない場合には、当該居宅サービス計画に係る月（以下「当該月」という。）から当該状態が解消されるに至った月の前月まで減算」されます（1-3→40ページ ポイントメモ参照）。

すなわち、アセスメントは、本人の居宅を訪問し、本人と面接することが原則として必要になります。“自宅訪問を嫌がるから”“時間が限られているから”などの理由から通所系事業所等での面接だけとすることや、“認知症のある方だから（聞いてもわからない）”などの理由で、家族のみと面接するだけでは、アセスメントのルールを守っていないことになります。

このため、適切な選択肢は、「**1**：運営基準減算に該当する」となります。

3．「物理的な理由」

なお、解釈通知には、「アセスメントに当たって、利用者が入院中であることなど物理的な理由がある場合を除き必ず利用者の居宅を訪問し、利用者とその家族に面接して行わなければならない」という一文もあります。

このため、「物理的な理由」がある場合には、それをアセスメントシート等に記載したうえで、自宅以外の場所（医療機関等）でアセスメントを実施することが可能といわれています。しかし、この部分を拡大解釈し、「自宅で実施しなくてよくなった」と、勘違いされている方もいるようです。この通知は応急処置的な考え方ととらえてください。利用者の生活を支えるためには、後日、できるだけ早期に、自宅訪問によるアセスメントも実施すべきと考えましょう。

・アセスメントは、利用者が最も利用者らしくいられる場所である居宅で行うことが原則

・物理的な理由がある場合には、居宅以外の場所での実施ができる

・居宅以外の場所でアセスメントをした場合には、誰が見てもわかるように物理的な理由を残そう

ポイントメモ ―さらに理解を深めるために―

・アセスメントの実施（運営基準第13条第6号とその解釈通知）と留意点（同条第7号とその留意点）については、2-1のポイントメモ（64ページ）、2-2のポイントメモ（68ページ）を参照
・運営基準減算については、1-3のポイントメモ（40ページ）を参照

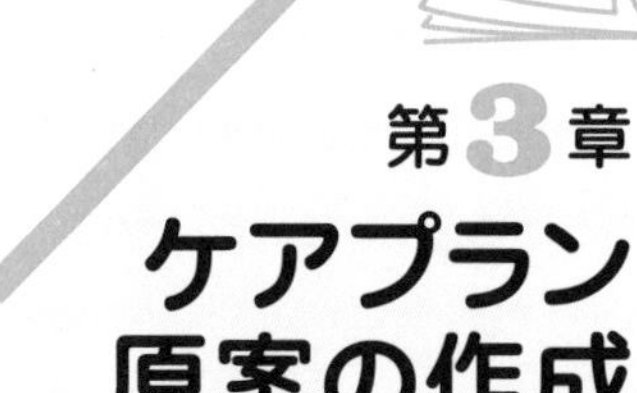

第3章 ケアプラン原案の作成

1 ケアプランとケアプラン等

2 介護給付以外のサービス

3 第1表 意向を踏まえた課題分析の結果

4 第1表 総合的な援助の方針

5 第2表 生活全般の解決すべき課題

1 ケアプランとケアプラン等

居宅サービス計画とは、標準様式(第1表〜第7表)のすべてを指す言葉なのでしょうか？

行政機関が発出する通知やＱ＆Ａなどを読んでいると、“居宅サービス計画（ケアプラン）”と“居宅サービス計画等（ケアプラン等）”という２つの表現（言葉）が使用されています。

居宅介護支援においては、“居宅サービス計画”と“居宅サービス計画等”とは、両方とも標準様式通知で示されている標準様式の第１表〜第７表を指している言葉なのでしょうか？

それとも、居宅サービス計画と居宅サービス計画等では、それぞれが指している様式は異なるのでしょうか？

考えてみよう！

以下のうち、いずれか１つを選択してください。

1：居宅サービス計画と居宅サービス計画等は、同じ帳票（ともに第１表〜第７表）を指している。

2：居宅サービス計画と居宅サービス計画等は、同じ帳票（ともに第１表〜第７表）を指してはいない。

最も適切なものは…

2：居宅サービス計画と居宅サービス計画等は、同じ帳票（ともに第1表～第7表）を指してはいない。

根拠 運営基準第13条第10号、解釈通知第二の3⑻⑩、標準様式通知別紙3のⅡ

1．ケアプランとは何かをおさえよう！

どの帳票をケアプランと呼ぶのか？　という疑問の答えは、解釈通知第二の3⑻⑩に示されています（ポイントメモ参照）。

つまり、居宅介護支援においては、第1表：居宅サービス計画書⑴、第2表：居宅サービス計画書⑵、第3表：週間サービス計画表、第6表：サービス利用票、第7表：サービス利用票別表の5つの標準様式をケアプランと呼ぶのです。

また、ケアプラン等の等とは、ケアプランに準ずる（ケアプランに類似する）標準様式（第4表、第5表）も含めた言葉です（原則としてアセスメントシートは含まれません）。

このため、加算算定に必要な書類を作成する際にも、算定に必要な記載をする様式が「居宅サービス計画」となっていたら、ケアプラン（第1表～第3表、第6表、第7表）のいずれかに記載し、「居宅サービス計画等」となっていたら、ケアプラン等、つまり、第1表～第7表のいずれかに記載をすればよいと判断しましょう。

2．居宅と施設との違いもおさえよう！

一方、施設の介護支援においては、第1表：施設サービス計画書(1)と第2表：施設サービス計画書(2)の2つの標準様式をケアプランと呼びます（参考：「指定介護老人福祉施設の人員、設備及び運営に関する基準について（平成12年老企第43号）」第四の11(7)）。

このように、勤務する事業所等により運用のルールが異なることも介護保険の法令等の煩雑（はんざつ）なところといえるでしょう。

■居宅介護支援および施設介護支援におけるケアプラン※とケアプラン等

	居宅介護支援	施設介護支援
ケアプラン	第1表～第3表、 第6表、第7表	第1表、第2表
ケアプラン等	すべての標準様式を含む （第1表～第7表）	（第1表～第6表）

※：居宅介護支援においては、「居宅サービス計画」、施設介護支援においては「施設サービス計画」をケアプランと呼びます。

まとめ

- 居宅サービス計画（ケアプラン）と居宅サービス計画等（ケアプラン等）が指す帳票は異なる
- 居宅介護支援と施設の介護支援では、「ケアプラン」として取り扱う帳票が異なる

ポイントメモ　—さらに理解を深めるために—

■居宅介護支援の運営基準とその解釈通知　抜粋対応表

運営基準　第13条	解釈通知　第二の3(8)
★十　介護支援専門員は、居宅サービス計画の原案に位置付けた指定居宅サービス等について、保険給付の対象となるかどうかを区分した上で、当該**居宅サービス計画の原案の内容について利用者又はその家族に対して説明**し、**文書により利用者の同意**を得なければならない。	⑩　居宅サービス計画の説明及び同意（第10号） （略） また、当該説明及び同意を要する居宅サービス計画原案とは、いわゆる**居宅サービス計画書**の**第１表から第３表**まで、**第６表及び第７表**（「介護サービス計画書の様式及び課題分析標準項目の提示について」（平成11年11月12日老企第29号厚生省老人保健福祉局企画課長通知）に示す標準様式を指す。）に相当するものすべてを指すものである。

注：居宅サービス計画原案（ケアプラン原案）に利用者の同意を受けたものが居宅サービス計画（ケアプラン）となるわけですから、ケアプラン原案とケアプランは同じ帳票を指しています。この考え方は施設も同様です。

■「指定介護老人福祉施設の人員、設備及び運営に関する基準（平成11年厚生省令第39号）」（以下、運営基準）と「指定介護老人福祉施設の人員、設備及び運営に関する基準について（平成12年老企第43号）」（以下、運営基準の解釈通知）　抜粋対応表

運営基準	運営基準の解釈通知
第4章　運営に関する基準 （施設サービス計画の作成） ☆第12条 7　計画担当介護支援専門員は、施設サービス計画の原案の内容について入所者又はその家族に対して説明し、文書により入所者の同意を得なければならない。	第四　運営に関する基準 11　施設サービス計画の作成 (7)　施設サービス計画原案の説明及び同意（第7項） （略） なお、当該説明及び同意を要する施設サービス計画の原案とは、いわゆる**施設サービス計画書**の**第１表及び第２表**（「介護サービス計画書の様式及び課題分析標準項目の提示について」（平成11年11月12日老企第29号厚生省老人保健福祉局企画課長通知）に示す標準様式を指す。）に相当するものを指すものである。（以下略）

2 介護給付以外のサービス

ケアプランには介護給付以外のサービスも記載するべきなのでしょうか？

先日、介護支援専門員実務研修を受講中の方から、ケアプラン原案を作成するという実習の課題に関して、次のような質問を受けました。

「ケアマネジャーはケアプランには、介護給付のサービスだけを書くべきでしょうか？　それとも、介護給付以外のサービスも書くべきなのでしょうか？　正解を教えてください」

あえて、ケアマネジャーとしてどちらが正解かと聞かれると悩んでしまい、とっさに返事ができませんでした。どちらが正しいのでしょうか？　また、その根拠はどこを見ればわかるのですか？

考えてみよう！

以下から、最も適切なものを１つ選択してください。

1：ケアプランには、介護給付以外のサービスも書かねばならない（義務）。

2：ケアプランには、介護給付以外のサービスも書くよう努める（努力義務）。

3：ケアプランには、介護給付以外のサービスは書かなくてよい。

2：ケアプランには、介護給付以外のサービスも書くよう努める（努力義務）。

根拠 運営基準第13条第4号、解釈通知第二の3(8)④

1．介護給付以外のサービスの記載は努力義務！

ケアマネジャーは、ケアプランに介護給付以外のサービスを適切に組み入れていますし、また、利用者の生活を支えるためにもケアマネジャーはそうあるべきだという意味からは**1**を選びたくなる本問です。しかし、法令上は「努力義務」となっていることから**2**が正解となります。

運営基準第13条第4号では、「介護支援専門員は、居宅サービス計画の作成に当たっては、利用者の日常生活全般を支援する観点から、介護給付等対象サービス以外の保健医療サービス又は福祉サービス、当該地域の住民による自発的な活動によるサービス等の利用も含めて居宅サービス計画上に位置付けるよう努めなければならない」とされています。

つまり、ケアマネジャーには、介護給付以外のサービスについてもケアプランに位置づけていく努力義務があるのです。

2．地域のネットワークづくりの要になろう！

さらに解釈通知第二の3⑻④には、具体的な介護給付以外のサービス例が示されています（まとめ参照）。

加えて、「なお、介護支援専門員は、当該日常生活全般を支援する上で、利用者の希望や課題分析の結果を踏まえ、地域で不足していると認められるサービス等については、介護給付等対象サービスであるかどうかを問わず、当該不足していると思われるサービス等が地域において提供されるよう関係機関等に働きかけていくことが望ましい」という一文も付されています。

高齢者の生活全般を支えるためにも、現行のケアチームを活性化しながら、地域の社会資源の開発への働きかけを求めています。すなわち、ケアマネジャーは、地域のネットワークづくりの要（かなめ）となる役割が期待されているのです。

まとめ

ケアプランには、介護給付以外のサービスも記載するよう努めよう

＜介護給付以外のサービスの例＞

市町村保健師等が居宅を訪問して行う指導等の保健サービス、老人介護支援センターにおける相談援助、市町村が一般施策として行う配食サービス、寝具乾燥サービス、地域の住民による見守り、配食、会食などの自発的な活動によるサービス等、精神科訪問看護等の医療サービス、はり師・きゅう師による施術、保健師・看護師・柔道整復師・あん摩マッサージ指圧師による機能訓練　など

ポイントメモ　―さらに理解を深めるために―

■ケアマネジャーの努力義務

運営基準	解釈通知　第二
第3章　運営に関する基準 （指定居宅介護支援の具体的取扱方針） 第13条 ☆四　介護支援専門員は、居宅サービス計画の作成に当たっては、利用者の日常生活全般を支援する観点から、**介護給付等対象サービス**（法第24条第2項に規定する介護給付等対象サービスをいう。以下同じ。）**以外の**保健医療サービス又は福祉サービス、当該地域の住民による自発的な活動による**サービス等の利用も含めて居宅サービス計画上に位置付けるよう努めなければならない。**	3　運営に関する基準 (8)　指定居宅介護支援の基本取扱方針及び具体的取扱方針 ④　総合的な居宅サービス計画の作成（第4号） 居宅サービス計画は、利用者の日常生活全般を支援する観点に立って作成されることが重要である。このため、居宅サービス計画の作成又は変更に当たっては、利用者の希望や課題分析の結果に基づき、介護給付等対象サービス以外の、例えば、市町村保健師等が居宅を訪問して行う指導等の保健サービス、老人介護支援センターにおける相談援助及び市町村が一般施策として行う配食サービス、寝具乾燥サービスや当該地域の住民による見守り、配食、会食などの自発的な活動によるサービス等、更には、こうしたサービスと併せて提供される精神科訪問看護等の医療サービス、はり師・きゅう師による施術、保健師・看護師・柔道整復師・あん摩マッサージ指圧師による機能訓練なども含めて居宅サービス計画に位置付けることにより総合的な計画となるよう努めなければならない。 **なお、介護支援専門員は、当該日常生活全般を支援する上で、利用者の希望や課題分析の結果を踏まえ、地域で不足していると認められるサービス等については、介護給付等対象サービスであるかどうかを問わず、当該不足していると思われるサービス等が地域において提供されるよう関係機関等に働きかけていくことが望ましい。**

「利用者及び家族の生活に対する意向を踏まえた課題分析の結果」の記載は？

2021（令和3）年3月31日に、標準様式通知が改正され、第1表　居宅サービス計画書(1)の「利用者及び家族の生活に対する意向」欄が、「利用者及び家族の生活に対する意向を踏まえた課題分析の結果」欄（以下、「意向欄」）に名称が変更されました。

これにより、課題分析の結果を導いた過程を記載するのだとするケアマネジャーと、従前のルールと大きく変える必要はないとするケアマネジャーに分かれています。

標準様式の改正を受け、意向欄の記載に関する考え方は、従前とは変わったのでしょうか？

考えてみよう！

意向欄の記載に関する考え方について、以下のうち、より適切なものを選択してください。

1：従前と同様の考え方でよい。

2：従前と異なる考え方になった。

最も適切なものは…

1：従前と同様の考え方でよい。

根拠 運営基準第13条第8号、標準様式通知別紙3のⅣの1⑬

1．ケアプラン原案の根拠と意向欄

ケアマネジャーは、利用者の希望とアセスメントの結果に基づき、ケアプラン原案を作成します（運営基準第13条第8号）。

また、「利用者及び家族の生活に対する意向を踏まえた課題分析の結果」欄（以下、「意向欄」）は、利用者およびその家族が、どのような内容の介護サービスをどの程度の頻度で利用しながら、どのような生活をしたいと考えているのかについて、課題分析の結果を記載する欄です（標準様式通知別紙3のⅣの1⑬）。

2021（令和3）年3月31日に標準様式通知が改正され、第1表居宅サービス計画書⑴の「利用者及び家族の生活に対する意向」欄が、「利用者及び家族の生活に対する意向を踏まえた課題分析の結果」に名称と記載要領が変更されましたが、標準様式通知別紙3の［理由］は改正されていません。

標準様式通知別紙3に示されている［理由］は、その枠（欄）をつくった「理由」、つまり、根拠です。2021（令和3）年3月の標準様式通知の改正においては、根拠部分が変更されていないため、枠の表現は、「を踏まえた課題分析の結果」が追加されたが、考え方は従前と変更はないと考えられるため、本問は「**1**：従前と同様の考え方でよい」を選択します。

2．利用者の発言を使う理由

2021（令和3）年3月の通知改正にて、意向欄の表現や記載要領が変更された背景には、生活の意向を語れない利用者の増加があるといわれています。

利用者の認知機能の低下、家族のかかわりの希薄化などから、こんな暮らしがしたい、こんな風に生活を継続したい、などと語ってくれる利用者等が減っていくにつれ、意向欄には、“本人：（意向確認できず）”や、“本人：「訪問介護を使いたい」”などの不適切な表現が増えていきました。

ケアマネジャーは、利用者の自立意欲を高め、積極的な意向が表明できるよう、利用者の発言を活用するのですが、このこと（意向欄に利用者の言葉を積極的に使うこと）の意味と価値を理解しないまま、しゃべった言葉を書けばよいという間違った認識が独り歩きをしていったのです。

本欄は、“生活の意向”を記載するための欄です。しゃべれるかしゃべれないかを明確にするための欄ではありません。発語がない場合だったとしても、利用者の表情、今までの生活、サービスを受けているときの状況や、家族からの聴き取りなどを総合したアセスメントの結果を記載する欄です。相談面接の専門家として、また、利用者の権利擁護を一番に支える専門職として、本欄を有効に活用しなければなりません。

利用者が自身で生活の意向を伝えられないときなどには、ケアマネジャーがアドボケイト機能を働かせ、アセスメントの結果、利用者および家族の生活の意向をどのようにとらえたのか、宣言する気持ちで記載しましょう。

・ケアプラン原案の根拠は、利用者の希望とアセスメントの結果である

・意向欄には、どのような生活をしたいと考えているのかについて、課題分析の結果を記載する

・ケアマネジャーは、利用者の自立意欲を高め、積極的な意向が表明できるよう、利用者の発言を活用する

ポイントメモ　ーさらに理解を深めるためにー

標準様式通知　別紙3　介護サービス計画書の様式について

Ⅳ　「居宅サービス計画書」の記載項目について

1　第1表：「居宅サービス計画書(1)」

⑬「利用者及び家族の生活に対する意向を踏まえた課題分析の結果」

［理由］

利用者とその介護を行う家族は不即不離の関係にある。介護や支援を受けつつ、利用者や家族が、家庭や地域社会の構成員として自立した主体的・能動的な生活を送ることが重要である。このため、利用者はもとよりその家族が、介護や支援を受けつつ、**どのような生活をしたいと望んでいるのか**について、明確に把握する必要がある。

このような主体的な生活への欲求と対応するサービスが一体となり初めて効果的な援助が可能となる。

また、時として、このような**意向が消極的な場合があるが、そのような場合には自立意欲を高め、積極的な意向が表明できるよう援助する必要がある。**

［記載要領］

88ページを参照

コラム　不適切な意向の記載とその理由

×上段：不適切な記載例　　⇒下段：不適切と判断する理由
×　本人：（意向確認できず） ⇒　ケアマネジャーがアドボケイト機能を働かせて実施したアセスメントの結果、導いた意向を記載する欄のため、この記載では、利用者の意向もアセスメントの結果もわからないから
×　本人：「訪問介護を使いたい」 ⇒　生活の意向を記載する欄のため、当該サービスを使い、どのような生活をしたいのか？　の部分が肝心だが、その部分が何も書かれていないため
×　本人：「家に帰りたい」 ⇒　「家に帰りたい」という本人の発言だけを記載するのではなく、家に帰ってどのような生活を送りたいと思っているのか？　または、家に帰ることでどのような生活の意向が達成できるのか？　などをアセスメントで導き、記載する欄である。この記載では、利用者の生活の意向もアセスメントの結果もわからないから
×　家族：「施設に入ってほしい」 ⇒　生活の意向ではない。なぜ施設に入ってほしいと発言したのかを引き出すことが大切（施設に入ってほしい理由が生活の意向である場合が多い）
×　家族：「本人の好きにさせてあげてほしい」 ⇒　家族の生活の意向になっていない。「本人の好き」が何を指すのかがわからないだけではなく、本人への家族の助言が聞き入れられないからこのような表現をしているのか？　本人を尊重することが家族の生活の意向なのか？　などの言葉の真意や背景がわからない表現になっているから

第1表

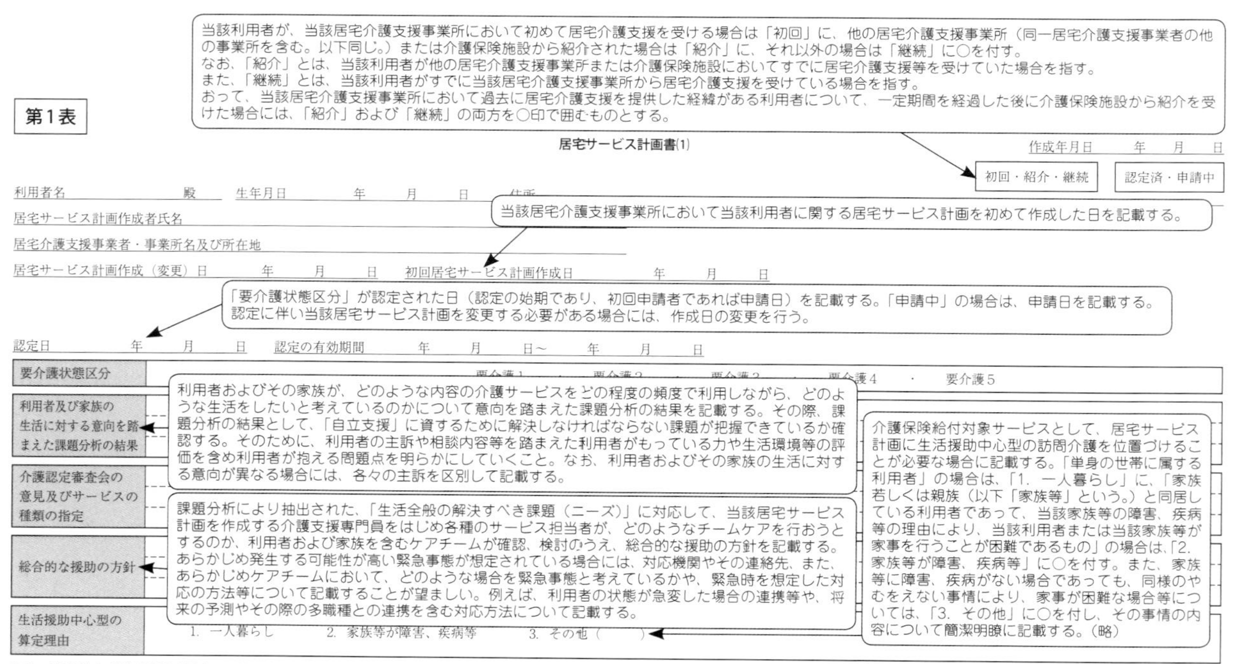

居宅サービス計画書(1)

作成年月日　　年　　月　　日

初回・紹介・継続　　認定済・申請中

利用者名　　　殿　生年月日　　年　　月　　日　住所

居宅サービス計画作成者氏名

居宅介護支援事業者・事業所名及び所在地

居宅サービス計画作成（変更）日　　年　　月　　日　初回居宅サービス計画作成日　　年　　月　　日

認定日　　年　　月　　日　認定の有効期間　　年　　月　　日～　　年　　月　　日

要介護状態区分	要介護1　・　要介護2　・　要介護3　・　要介護4　・　要介護5
利用者及び家族の生活に対する意向を踏まえた課題分析の結果	
介護認定審査会の意見及びサービスの種類の指定	
総合的な援助の方針	
生活援助中心型の算定理由	1. 一人暮らし　2. 家族等が障害、疾病等　3. その他（　　）

出典：NPO法人千葉県介護支援専門員協議会監、後藤佳苗編著『四訂 介護支援専門員のためのケアプラン作成事例集』中央法規出版、2015年（p.18、19を一部改変。第2表についても同じ）

「総合的な援助の方針」欄は、サービスごとに分けて書くのでしょうか？　まとめて書くのでしょうか？

「総合的な援助の方針」欄（以下、「方針欄」）を、使用するサービスごとに分けて記載するケアマネジャーと、大きく包括して（サービスごとに分けずに）記載するケアマネジャーがいます。

使用するサービスごとに記載すると、誰が見ても役割が明確になりますが全体の目的が見えにくくなり、反対に、大きく包括して記載すると、全体の目的はとらえやすいのですが、各サービスの役割が把握しにくくなります。

いずれも一長一短だと思うのですが、より望ましい表現はどちらなのでしょうか？

考えてみよう！

方針欄のより適切な記載について、以下のうち、いずれか1つを選択してください。

1：サービスごとに分けて記載する。

2：包括して（サービスごとに分けずに）記載する。

最も適切なものは…

2：包括して（サービスごとに分けずに）記載する。

根拠 標準様式通知別紙3のⅣの1⑮、2①

1．方針欄記載時の留意点

「総合的な援助の方針」欄（以下、「方針欄」）には、課題分析により抽出された、「生活全般の解決すべき課題（ニーズ）」に対応して、当該居宅サービス計画を作成するケアマネジャーをはじめ各種のサービス担当者が、どのようなチームケアを行おうとするのか、ケアチーム全体が共有する**理念を含む援助の指針**となる総合的な援助の方針が具体的に明らかになるよう記載します。

また、本欄は生活に対する利用者および家族の意向を、援助職の立場からとらえなおしたものであり、**ケアチーム全員の共通する目的**です。関係者全員が、"自分ごと""自分の目的"として、主体的に受け止めやすい表現を意識します。サービスごとに分けて記載することは望ましくありません。

このため、適切な選択肢は、「**2**：包括して（サービスごとに分けずに）記載する」となります。

2．サービス名称の記載

方針欄は、ケアプラン全体の"目的"を示す欄です。サービスは、目標を達成するための手段です。このため、目標を集約した目的を示す本欄に、**サービス名称を記載する必要はありません**。

“ケアプランに書いていけない言葉はない”といわれています。しかし、本欄にサービス名称を書く必要性は低く、また、記載することによって、「関係者全員の目的」という意識が下がってしまう危険性もあるため、不適切と判断されることもあるのです。

方針欄は、第1表～第3表をつなぐための欄なので、ケアプラン全体を見通した支援の目的や支援の全体像がとらえられるよう、生活課題（ニーズ）をまとめたような内容となるため、第2表を記載してから記載したほうが、書きやすいと考えられています。

方針欄の表現に悩んだ場合などは、ケアプランの記載の順序を変えることも有効です。第2表を先に作り上げてから再度見直してみましょう。

3．緊急時連絡先を記載する目的

また、本欄の記載要領は、「あらかじめ発生する可能性が高い緊急事態が想定されている場合には、対応機関やその連絡先、また、あらかじめケアチームにおいて、どのような場合を緊急事態と考えているかや、緊急時を想定した対応の方法等について記載することが望ましい。例えば、利用者の状態が急変した場合の連携等や、将来の予測やその際の多職種との連携を含む対応方法について記載する」とされています。

つまり、緊急事態が想定されない場合、緊急事態に対する利用者の理解・納得が得られていない場合、緊急連絡先として位置づけたい相手の同意が得られていない場合などには、緊急時連絡先の記載はできません。

「緊急連絡先は書くものだ」と思い込み、漫然と記載するのではなく、どのような緊急事態が想定されるのか、それに対応するのは、どの機関等が望ましいのかをケアチームで検討したうえで、記載しましょう。

・方針欄は、ケアチーム全体の目的を示す欄のため、サービスごとに分けず、包括して記載する

ポイントメモ　ーさらに理解を深めるためにー

標準様式通知　別紙3　介護サービス計画書の様式について

Ⅳ　「居宅サービス計画書」の記載項目について

1　第1表：「居宅サービス計画書(1)」

⑮「総合的な援助の方針」

［理由］

課題分析により抽出された、「生活全般の解決すべき課題（ニーズ）」に対応して、介護支援専門員をはじめ各種のサービス担当者が、利用者の自立を援助するために、どのようなチームケアを行おうとするのか、ケアチーム全体が共有する理念を含む援助の指針を具体的に明らかにする必要がある。

ここでは、利用者及びその家族の自立を阻害する要因や、問題の所在、自立に至る道筋を明らかにし、「生活全般の解決すべき課題（ニーズ）」の解決のための目標、具体策を示した上で、総合的な援助の方針が記される必要がある。

なお、「総合的な援助の方針」及び以下の「援助目標（長期目標・短期目標）」、「援助内容（サービス内容、サービス種別等）」などは、利用者及びその家族の状況の変動によって随時見直される必要があることは当然である。

さらに、あらかじめ発生する可能性が高い緊急事態が想定されている場合には、対応機関やその連絡先等について記載することが望ましい。

［記載要領］

88ページ参照

「生活全般の解決すべき課題（ニーズ）」欄は、端的に書くのでしょうか？　詳細に書くのでしょうか？

同じ利用者だったとしても、「生活全般の解決すべき課題（ニーズ）」欄（以下、「ニーズ欄」）を、3行、4行と長い文章で細かく表現するケアマネジャーと、1・2行の短い表現で端的に記載するケアマネジャーがいます。

法令通知には、ケアプランへの表現方法について示されていません。しかし、ケアマネジャーとしてニーズの書き方（表現）については、原因、障害や問題点がわかるよう、細かく記載したほうがよいのか、ニーズだけを端的に記載したほうがよいのか、どちらがより望ましいのでしょうか？

考えてみよう！

ニーズ欄の記載について、以下のうち、より適切なものを選択してください。

1：ニーズを導いた原因や障害・状況なども丁寧に記載する。

2：ニーズだけを端的に記載する。

最も適切なものは…

2：ニーズだけを端的に記載する。

根拠 運営基準第1条の2、第12条、標準様式通知別紙3のⅣの2①

1. ニーズの定義

ニーズを把握することは、居宅介護支援の最初の段階であり、利用者の自立支援のために必要不可欠とされながら、ニーズに関する法令通知上の定義は、明確にされていません。

そのため、一般的なニーズの考え方をここから確認していきます。

アセスメントにおいて、処遇困難、介護問題と大きくまとめられている状況について、原因、背景、根拠などの詳細な情報を収集し、利用者と家族を取り巻く現状（自立の阻害要因）と、その現状を利用者や家族がどのように認識しているか（現状認識）を明らかにしていきます（分析）。これにより、問題点を明確化したうえで、現状と現状認識の間にある溝（ギャップ）等を利用者とともに共有し、この溝を埋めるための本人の取組みがニーズだと考えられています（標準様式通知別紙3のⅣの2①）。

2. ニーズだけを端的に記載する

また、ニーズの表現の導き方（思考過程）は、問題に焦点化することにより、ケアマネジャーは整理しやすく、利用者の納得を得やすくなります。具体的には、①原因を絞り込む⇒②原因が引き起こしている障がいや状況を確認する⇒③問題点を明確化する⇒④生活課題（ニーズ）を設定する、という順になります。

つまり、①原因、②障がいや状況、③問題点、がニーズを導いた根拠となる部分なのですが、この①〜③については、アセスメントシートに残したうえで、サービス担当者会議等で担当者と共有しますが、第2表のニーズには記載しません。

①〜③も書いたほうが、専門職やケアプランを確認する第三者等には、ニーズの根拠や意味がわかりやすいでしょう。しかし、利用者本人が一番理解しており、かつ、利用者の力ではどうにもならないことを、利用者の取組み（ニーズ）として書くことにより、利用者の自尊心を傷つけ、自己肯定感を下げる危険性があります。

■末期がんによるがん性疼痛で夜間眠れず、日中の活動性とQOLが低下している方のニーズの導き方と記載例

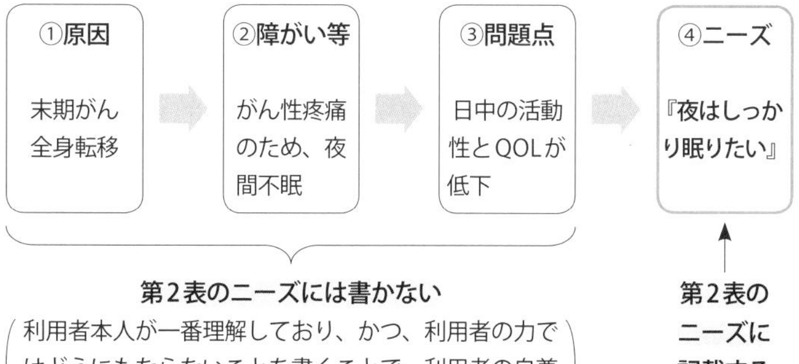

出典：後藤佳苗著『法的根拠でナットク！　帳票別ケアプランの書き方Q&A』中央法規出版、2020年（p.77を一部改変）

3．利用者の権利擁護の推進と説明責任の徹底

ニーズを細かく記載するほうが望ましいと考え違いをするケアマネジャーが増えた理由として、大きく2つが考えられています。

1つ目が、ケアプラン文例集の使い方です。文例集の表現をそのまま記載すればよいのだと思い込んでいるケアマネジャーがいる様子ですが、文例集の特徴として、アセスメントの詳細やサービス担当者会議の概要を載せられないことがあげられます。事例の説明をするため、ケアプランの表現が説明調で冗長になっています。

ケアプラン文例集は、ケアプランの表現に悩んだときの時間の短縮、利用者にあった表現の参考など、ケアマネジャーの強い味方ですから、特徴を理解したうえで、上手に使いこなしましょう。

2つ目は、ケアプラン点検や実地指導等で「具体的に書いたほうがわかりやすい」などと市町村職員等から助言される場合や、事例検討を担当する先生が、「詳細に書くべきだ」などと言ってくる場合などもあることといわれています。

確かに、ニーズの原因、障がいや状況、問題点などを記載したほうが、ケアプラン点検をする市町村職員等や、事例検討を担当する著名な先生にはわかりやすいと思います。

しかし、そのような場合においても、「利用者の自尊心を傷つける可能性があるのでできません」「利用者の自立支援のために……」などと丁寧に説明し、理解を得ることによって、利用者の権利を擁護するのがケアマネジャーの役割なのです。

- 現状と現状認識の間の溝（ギャップ）を埋めるための本人の取組みをニーズと呼ぶ場合が一般的である
- 利用者の自尊心を守り、自己肯定感を下げないためにも、ニーズは端的に記載するほうが望ましい場合が多い

ポイントメモ　―さらに理解を深めるために―

標準様式通知　別紙3　介護サービス計画書の様式について

Ⅳ　「居宅サービス計画書」の記載項目について

2　第2表：「居宅サービス計画書(2)」

①「生活全般の解決すべき課題（ニーズ）」

［理由］

「生活全般の解決すべき課題（ニーズ）」を明確にすることは、居宅介護支援の最初の段階である。様式としては、「総合的な援助の方針」が先に掲げられているが、この「生活全般の解決すべき課題（ニーズ）」を明確にせずには、「総合的な援助の方針」が立たないことは当然である。

なお、「生活全般の解決すべき課題（ニーズ）」については、次の2点が重要である。

○　生活全般にわたるものであること。

居宅サービス計画は、その達成により、介護や支援を受けながらも家庭や地域社会において可能な限り自立した生活を営むことができることを目的として作成するものであり、利用者及びその家族の解決すべき課題は、介護の問題のみにとどまらないこともある。介護保険給付以外の社会的な制度やその他のサービス、私的な援助などにより解決されるべき課題についても、居宅サービス計画に位置付けるよう努めることが大切である。

○　自立の阻害要因と利用者及びその家族の現状認識が明らかにされていること。

利用者の自立を阻害する要因等を分析し、解決すべき課題を設定するとともに、利用者及び家族の現状認識を明らかにする。また、多くの場合、解決すべき課題は複数の連動した相互関係を持つため、全体の解決を図るためには緻密なプログラムが必要となる。利用者の自立を阻害する要因等の相互関係を構成する個々の解決すべき課題について明らかにし、それを解決するための要点がどこにあるかを分析し、その波及する効果を予測して優先順位を付した上で、解決すべき課題をとりまとめ、対応するサービスとしてどのようなサービスが、どのような方針で行われる必要があるかが思考されなければならない。ただし、この優先順位は絶対的なものではなく、必要に応じて見直しを行うべきものであることに留意する。

［記載要領］

98～99ページを参照

第2表

居宅サービス計画書(2)

作成年月日　　年　月　日

利用者名　　　　　殿

生活全般の解決すべき課題（ニーズ）❶	目標❷				援助内容					
	長期目標	（期間）❸	短期目標	（期間）❸	サービス内容❹	※1❺	サービス種別❻	※2❻	頻度❼	期間❽

※1「保険給付の対象となるかどうかの区分」について、保険給付対象内サービスについては○印を付す。

※2「当該サービス提供を行う事業所」について記入する。

1 利用者の自立を阻害する要因等であって、個々の解決すべき課題（ニーズ）についてその相互関係をも含めて明らかにし、それを解決するための要点がどこにあるかを分析し、その波及する効果を予測して原則として優先度合いが高いものから順に記載する。具体的には、利用者の生活全般の解決すべき課題（ニーズ）の中で、解決していかなければならない課題の優先順位を見立て、そこから目標を立て、
・利用者自身の力で取り組めること
・家族や地域の協力でできること
・ケアチームが支援すること
で、できるようになることなどを整理し、具体的な方法や手段をわかりやすく記載する。
目標に対する援助内容では、「いつまでに、誰が、何を行い、どのようになるのか」という目標達成に向けた取り組みの内容やサービスの種別・頻度や期間を設定する。

2 「長期目標」は、基本的には個々の解決すべき課題に対応して設定するものである。ただし、解決すべき課題が短期的に解決される場合やいくつかの課題が解決されて初めて達成可能な場合には、複数の長期目標が設定されることもある。
「短期目標」は、解決すべき課題および長期目標に段階的に対応し、解決に結びつけるものである。
緊急対応が必要になった場合には、一時的にサービスは大きく変動するが、目標として確定しなければ「短期目標」を設定せず、緊急対応が落ち着いた段階で、再度、「長期目標」「短期目標」の見直しを行い記載する。
なお、抽象的な言葉ではなく誰にもわかりやすい具体的な内容で記載することとし、かつ目標は、実際に解決が可能と見込まれるものでなくてはならない。

3 「長期目標」の「期間」は、「生活全般の解決すべき課題（ニーズ）」を、いつまでに、どのレベルまで解決するのかの期間を記載する。
「短期目標」の「期間」は、「長期目標」の達成のために踏むべき段階として設定した「短期目標」の達成期限を記載する。
また、原則として開始時期と終了時期を記入することとし、終了時期が特定できない場合等にあっては、開始時期のみ記載する等として取り扱って差し支えないものとする。
なお、期間の設定においては「認定の有効期間」も考慮するものとする。

4 「短期目標」の達成に必要であって最適なサービスの内容とその方針を明らかにし、適切・簡潔に記載する。
この際、家族等による援助や必要に応じて保険給付対象外サービスも明記し、また、当該居宅サービス計画作成時においてすでに行われているサービスについても、そのサービスがニーズに反せず、利用者およびその家族に定着している場合には、これも記載する。
なお、居宅サービス計画に厚生労働大臣が定める回数以上の訪問介護を位置付ける場合にあっては、その利用の妥当性を検討し、当該居宅サービス計画に訪問介護が必要な理由を記載する必要があるが、その理由を当該欄に記載しても差し支えない。

5 「サービス内容」中、保険給付対象内サービスについて○印を付す。

6 「サービス内容」およびその提供方針を適切に実行することができる居宅サービス事業者等を選定し、具体的な「サービス種別」および当該サービス提供を行う「事業所名」を記載する。
家族が担う介護部分についても、誰が行うのかを明記する。

7 「頻度」は、「サービス内容」に掲げたサービスをどの程度の「頻度（一定期間内での回数、実施曜日等）」で実施するかを記載する。

8 「期間」は、「サービス内容」に掲げたサービスをどの程度の「期間」にわたり実施するかを記載する。
なお、「期間」の設定においては「認定の有効期間」も考慮するものとする。

福祉用具貸与または特定福祉用具販売を居宅サービス計画に位置づける場合においては、「生活全般の解決すべき課題」「サービス内容」等に当該サービスを必要とする理由が明らかになるように記載する。なお、理由については、別の用紙（別葉）に記載しても差し支えない。

第4章 サービス担当者会議

1　担当者の定義

2　運営基準減算（やむを得ない理由）

3　第４表の交付

4　欠席者の意見

民生委員等を招集することは不適切なのでしょうか？

居宅介護支援事業所のケアマネジャーです。

私が主宰するサービス担当者会議では、利用者の生活を支えるために民生委員や自治体等の地区組織のとりまとめ役にも参加してもらえるよう、働きかけています。

しかし先日の実地指導で「担当者以外に声をかけることは不適切」と指摘を受けました。利用者の自立支援のために多くの手間や時間をかけて調整・実施しているのに、「不適切」という指導に納得ができません。

考えてみよう！

以下から、最も適切なものを１つ選択してください。

1：ケアプラン原案にかかわらず、必要だと判断する職種等には積極的にサービス担当者会議への参加を促す。

2：ケアプラン原案に位置づけたうえで、必要だと判断する職種等にサービス担当者会議への参加を促す。

3：個人情報保護の関係から、主治医やサービス事業者以外のサービス担当者会議への招集は控える。

最も適切なものは…

2：ケアプラン原案に位置づけたうえで、必要だと判断する職種等にサービス担当者会議への参加を促す。

根拠 運営基準第13条第9号、第23条第1項、解釈通知第二の3(8)⑨

理解が深まる解説

1. ケアマネジャーの秘密保持義務

ケアマネジャーには、法第69条の37に資格としての秘密保持義務が、運営基準第23条第1項には従業者としての秘密保持義務が課せられています。

■秘密の保持義務に関すること

①ケアマネジャー（法）

第69条の37　介護支援専門員は、**正当な理由なしに**、その業務に関して知り得た人の秘密を漏らしてはならない。介護支援専門員でなくなった後においても、同様とする。

②居宅介護支援事業所（運営基準）

第23条　指定居宅介護支援事業所の介護支援専門員その他の従業者は、**正当な理由がなく**、その業務上知り得た利用者又はその家族の秘密を漏らしてはならない。

ケアマネジャーは、「正当な理由がある（法令（運営基準）で開催が義務づけられている）」から、利用者や家族の個人情報がふんだんに記載されているケアプラン原案を使用し、利用者や家族の個人情報を皆で検討するサービス担当者会議の開催ができます。

2.「担当者」とは？

サービス担当者会議等で使用する「担当者」には、法令上の定義があります。居宅介護支援における担当者とは、「介護支援専門員が居宅サービス計画の作成のために（略）居宅サービス計画の原案に位置付けた指定居宅サービス等の担当者」を指します（運営基準第13条第9号)。

つまり、居宅介護支援においては、ケアマネジャーがケアプラン原案に位置づけた人や職種、事業所などを「担当者」と呼び、「担当者」の専門的な見地から意見を聴取する会議が「サービス担当者会議」なのです。

3．参加を促す場合は、原案に位置づけを！

ケアプラン原案に位置づけていないサービス事業所の職員や民生委員、自治会役員等を“会議に参加してもらったほうがよいと思って……”というケアマネジャーの思いや判断だけで招集することは「正当な理由」には当たりません。

ケアマネジャーが会議に参加してもらったほうがよいと思った人や職種等については、まずはケアプラン原案に位置づけ「担当者」としてから、サービス担当者会議に招集することが必要なのです。

利用者の望む暮らしを達成するためには、最適な社会資源をコーディネートし続ける必要があります。ケアマネジャーは、利用者の権利を擁護するためにも、個人情報の適切な取扱いについて意識をし、実行しましょう。

サービス担当者会議招集時のポイント

①本人の望む暮らしの達成に必要と判断した人や団体等については、ケアプラン原案に位置づけ、「担当者」にしてから招集しよう

②①を満たしたうえで、担当者の招集と参加について、あらかじめ利用者や家族から承諾を得ることも忘れずに

ポイントメモ ―さらに理解を深めるために―

■担当者の定義（居宅介護支援の場合）

運営基準
第３章　運営に関する基準 （指定居宅介護支援の具体的取扱方針） 第13条 ★九　介護支援専門員は、サービス担当者会議（介護支援専門員が居宅サービス計画の作成のために、利用者及びその家族の参加を基本としつつ、**居宅サービス計画の原案に位置付けた指定居宅サービス等の担当者**（以下この条において「担当者」という。）を招集して行う会議（テレビ電話装置その他の情報通信機器（以下「テレビ電話装置等」という。）を活用して行うことができるものとする。ただし、利用者又はその家族（以下この号において「利用者等」という。）が参加する場合にあっては、テレビ電話装置等の活用について当該利用者等の同意を得なければならない。）をいう。以下同じ。）の開催により、利用者の状況等に関する情報を担当者と共有するとともに、当該居宅サービス計画の原案の内容について、担当者から、専門的な見地からの意見を求めるものとする。（略）

サービス担当者会議を開催できない「やむを得ない理由」とはどのような要件を満たすことが求められるのでしょうか？

サービス担当者会議は、すべてのサービス事業者の義務であること、自宅開催が負担となる場合は事業所での開催も可能なことなどを繰り返し説明するものの、「自分のことで専門職である皆さんを集めるのは申し訳ない」と繰り返す利用者がいます。

担当以来、一度も利用者から会議の開催許可が得られていないため、サービス担当者会議を開催できない「やむを得ない理由」として、担当者に意見照会を行っていました。

しかし、先日の実地指導において、「この場合、サービス担当者会議を開催しないやむを得ない理由には該当しない。運営基準減算としてください」と指摘されました……。利用者の都合なのに、運営基準減算になるのでしょうか？

考えてみよう！

以下のうち、いずれか1つを選択してください。

1：原則として、やむを得ない理由に該当するため、運営基準減算には該当しない。

2：原則として、やむを得ない理由には該当しないため、運営基準減算に該当する。

2：原則として、やむを得ない理由には該当しないため、運営基準減算に該当する。

根拠 運営基準第13条第9号・第15号、解釈通知第二の3(8)⑨、算定基準別表イ注3、算定基準の解釈通知第三の6

1．サービス担当者会議の目的

ケアマネジャーは、効果的かつ実現可能な質の高いケアプランとするため、各サービスが共通の目標を達成するために具体的なサービスの内容として何ができるか？　などを一堂に会し話し合える会議を主宰する役割を担います。

そして、利用者自身が「自分の人生は自分で決める。専門職はその手助けをしてくれる役割」と感じられるよう、サービス担当者会議を運営することが求められているのです。

しかし、サービス担当者会議への利用者や家族の参加は原則ですが、必須ではありません。なぜならば、サービス担当者会議の目的は、「利用者の状況等に関する情報を担当者等と共有する」とともに、「専門的な見地からの意見を求め調整を図ること」だからです（運営基準第13条第9号）。

このため、利用者等とケアマネジャーで意思疎通を済ませておき、サービス担当者会議でケアマネジャーが利用者の意見を代弁することも可能なのです。

2．担当者への照会とできる「やむを得ない理由」

併せて運営基準には、「やむを得ない理由」がある場合には、一堂に会することをせずに担当者への照会等により意見を求めることができるものとされています。

ここでいう「やむを得ない理由」がある場合とは、「開催の日程調整を行ったが、サービス担当者の事由により、サービス担当者会議への参加が得られなかった場合」「末期の悪性腫瘍で主治の医師等の意見を勘案して必要と認める場合」「居宅サービス計画の変更であって、利用者の状態に大きな変化が見られない等における軽微な変更の場合」等です（解釈通知第二の3⑻⑨（ポイントメモ参照））。

担当者と利用者の情報等を共有し、担当者から専門的見地からの意見を求めることを目的とするサービス担当者会議を開催できない「やむを得ない理由」には、利用者の都合や事情は含まれていません。

質問事例では、やむを得ない理由なく照会を繰り返し、サービス担当者会議を開催していません。このため、サービス担当者会議を開催するに至った前月までの期間については、運営基準減算が適用されると考えます。

つまり、本問の解答は「**2**：原則として、やむを得ない理由には該当しないため、運営基準減算に該当する」となります。

・サービス担当者会議の目的は、「利用者の状況等に関する情報を担当者等と共有する」とともに、「専門的な見地からの意見を求め調整を図ること」

・やむを得ない理由がある場合を除き、ケアマネジャーはサービス担当者会議を開催する必要があり、やむを得ない理由なくサービス担当者会議が開催できない場合には、サービス担当者会議を開催した前月まで運営基準減算が適用される

ポイントメモ　―さらに理解を深めるために―

解釈通知

第二　指定居宅介護支援等の事業の人員及び運営に関する基準
3　運営に関する基準
(8)　指定居宅介護支援の基本取扱方針及び具体的取扱方針
⑨　サービス担当者会議等による専門的意見の聴取（第9号）

介護支援専門員は、効果的かつ実現可能な質の高い居宅サービス計画とするため、各サービスが共通の目標を達成するために具体的なサービスの内容として何ができるかなどについて、利用者やその家族、居宅サービス計画原案に位置付けた指定居宅サービス等の担当者からなるサービス担当者会議の開催により、利用者の状況等に関する情報を当該担当者等と共有するとともに、専門的な見地からの意見を求め調整を図ることが重要である。なお、利用者やその家族の参加が望ましくない場合（家庭内暴力等）には、必ずしも参加を求めるものではないことに留意されたい。また、やむを得ない理由がある場合については、サービス担当者に対する照会等により意見を求めることができるものとしているが、この場合にも、緊密に相互の情報交換を行うことにより、利用者の状況等についての情報や居宅サービス計画原案の内容を共有できるようにする必要がある。なお、ここでいうやむを得ない理由がある場合とは、**利用者（末期の悪性腫瘍の患者に限る。）の心身の状況等により、主治の医師又は歯科医師（以下「主治の医師等」という。）の意見を勘案して必要と認める場合**のほか、**開催の日程調整を行ったが、サービス担当者の事由により、サービス担当者会議への参加が得られなかった場合、居宅サービス計画の変更であって、利用者の状態に大きな変化が見られない等における軽微な変更の場合**等が想定される。（以下略）

？ サービス担当者会議の要点(第4表)は、担当者に交付しなければならないのでしょうか？

「サービス担当者会議の要点（第4表）」（以下、「第4表」）の取扱いについて質問します。

当日のサービス担当者会議を欠席した事業所だけではなく、出席した事業所からも、「第4表を交付してほしい」という依頼を受けます。

サービス事業所を対象とする研修等で、『ケアマネジャーから必ずもらうべき』という講義を受けたなどの話も聞きます。

私は、第4表の交付義務はないと考え、交付をしていません。しかし、近隣のケアマネジャーのなかには、「交付すべき」という人もいます。私の考えは間違いなのでしょうか？

考えてみよう！

以下から、最も適切なものを1つ選択してください。

1：第4表は必ず交付しなければならない（交付は義務）。

2：第4表は交付するよう努める（交付は努力義務）。

3：第4表の交付義務はない。

最も適切なものは…

3：第4表の交付義務はない。

根拠 運営基準第13条第10号・第11号・第16号、第23条、解釈通知第二の3(8)⑩・⑪、標準様式通知

1．担当者への交付義務のある書類とは？

ケアマネジャーには、ケアプランを作成（変更）した際に、利用者および担当者へのケアプランの交付の義務があります（運営基準第13条第11号・第16号）。

ここでいう交付義務のあるケアプランとは、居宅介護支援の場合、標準様式通知に示されている標準様式の第1表～第3表、第6表、第7表を指しています（解釈通知第二の3(8)⑩）（3-1→78ページポイントメモ参照）。

つまり、第4表は、担当者への交付義務が発生するケアプランとして位置づけられていないため、交付の義務はありません。

2．交付は慎重に！　そして必要性を判断して！

第4表の交付を当然のように求めてくるサービス事業所もありますが、交付義務のない書類を交付する場合は、原則として、その書類に掲載されている人たちから事前同意を受けたうえで、交付すべきです。

しかし、第4表は、ケアチームの役割分担を図りながらケアチームの心を1つにすることを可能とする重要な帳票です。その書類を

「交付義務がないから交付しない」と決めつけてしまってもよいのでしょうか？

利用者の自立支援のためには、ケアチームの連携・協働が欠かせません。ケアを効果的・効率的に提供するためにも、サービス提供者がお互いに気持ちよくサービスを提供するためにも、居宅介護支援事業所とサービス事業所との連携は必要不可欠です。実務においては、“交付する・しない”だけにこだわるのではなく、“どのように担当者と連携するか？”という方法や手段についても考えておくべきでしょう。

なお、法人の方針で、「運営基準第15条を活用し、利用者に交付し、それを希望する事業所が利用者に確認のうえ、複写・転記する」という方法を選択している事業所もあります。

■参考：運営基準第15条を活用する場合の手順の例

○利用者からの申し出（依頼）を受け、作成した第4表を利用者に交付します。
○交付した第4表は、フラットファイルなどに、利用者・家族・担当者が確認可能な状態で綴じ保存します。
○第4表の交付を受けたい担当者は、利用者から許可を得たうえで、複写等をします。

3．地域の取り決めも確認しよう！

さらに、保険者や団体等によっては、

・援助の一貫性を保つため、利用者の同意を得たうえで第4表の担当者への交付を推奨する
・個人情報保護の観点から、開示請求以外での担当者への交付は行わない

などのルールを定めている場合もあります。地域のルールがある場合には、それに従いましょう。

・第4表は交付義務のない書類だが、会議の概略等については、ケアマネジャーが連絡をしよう（この際に第4表を使う場合は、第4表に記載されている人の了承が必要）

・地域のルールがある場合はそれに従おう

ポイントメモ　ーさらに理解を深めるためにー

運営基準	解釈通知　第二の3
第3章　運営に関する基準 （利用者に対する居宅サービス計画等の書類の交付） ☆第15条　指定居宅介護支援事業者は、利用者が他の居宅介護支援事業者の利用を希望する場合、要介護認定を受けている利用者が要支援認定を受けた場合その他**利用者からの申出があった場合には、当該利用者に対し、直近の**居宅サービス計画及び**その実施状況に関する書類**を交付しなければならない。	⑽　利用者に対する居宅サービス計画等の書類の交付 基準第15条は、利用者が指定居宅介護支援事業者を変更した場合に、変更後の指定居宅介護支援事業者又は指定介護予防支援事業者が滞りなく給付管理票の作成・届出等の事務を行うことができるよう、指定居宅介護支援事業者は、利用者が他の居宅介護支援事業者の利用を希望する場合、要介護認定を受けている利用者が要支援認定を受けた場合、その他利用者からの申し出があった場合には、当該利用者に対し、直近の居宅サービス計画及びその実施状況に関する書類を交付しなければならないこととしたものである。

注：第4表は、ここでいう「実施状況に関する書類」に該当します。

欠席する担当者への照会内容やその回答については、ケアマネジャーが第4表に記載可能なのでしょうか？

居宅介護支援事業所の管理者です。

私たちの事業所では、以前より、照会の日付や照会内容等は「サービス担当者会議の要点（第4表）」（以下、「第4表」）にケアマネジャーが書き、担当者からの回答については「居宅介護支援経過（第5表）」（以下、「第5表」）を使っています。

重複する記載が多く事務量が増えて負担が大きく、また管理する書類が2つに分かれるため状況が把握しにくいなど、不便に感じています。

ケアマネジャーが、照会内容や担当者からの回答のすべてを第4表に記載することはできませんか？

考えてみよう！

以下から、最も適切なものを1つ選択してください。

1：照会内容や回答は、ケアマネジャーが第4表に記載可能。

2：照会内容はケアマネジャーが第4表に記載可能だが、担当者からの回答は記載できない。

3：照会内容やその回答は、第4表に記載してはならない。

最も適切なものは…

1：照会内容や回答は、ケアマネジャーが第４表に記載可能。

根拠 標準様式通知

1．欠席者も「担当者」！　欠席者の意見も大切に！

サービス担当者会議は、利用者や家族を支える「担当者」が同じ方向を向いて支援できるよう開催するものです。このため、出席者の意見はもちろんですが、欠席する担当者からの意見もケアプランに反映する必要があります。

介護保険制度開始当初は、会議を欠席する担当者への照会や回答を第4表とは別の記録として残す義務がありましたが、事務負担の軽減を図る目的などから、旧第5表（サービス担当者に対する照会（依頼）内容）が第4表に統合され、欠席者の意見等についても第4表にケアマネジャーが記載してよいことになりました（ポイントメモ参照）。

人間は自分自身の発言やそのときの感情ですら、長い時間正確に記憶しておくことは困難な生き物です。自分の思いを正確にとどめられないのですから、他者の発言や思いならばなおさらでしょう。ケアマネジャーは、できるだけ早く、結果と結論を“見える化する（書類として残す）”ことを心がけましょう。

2．事業所内で記載の統一を！

また、標準様式通知には、欠席者に関する情報は、別葉（別紙）

などで確認が可能な場合は、それを添付して残しておけば、第4表に必ずしも記載しなくてよいとされています。

どこに残すか？　どのように残すか？　については、事業所内である程度統一をしておきましょう。

なお、第4表を使用して記録を残す際には、ケアプランは時点主義で作成する書類ですから、意見照会をした日、回答を受けた日など、時点の記載が漏れないように注意しましょう。

■欠席した担当者の意見を聴いた場合

・当該会議に出席できないサービス担当者の「所属（職種）」、「氏名」および当該会議に出席できない理由
・出席できないサービス担当者への照会（依頼）年月日および照会（依頼）した内容および回答
等がわかるよう記録を残す

・第4表の記載は、ケアマネジャーが行う
・欠席した担当者の意見も会議参加者の意見として取り扱い、方針決定に生かす
・記載のルール（記載場所や内容）については、事業所内で統一しよう

■第4表の標準様式と記載要領

サービス担当者会議を開催した場合に、当該会議の要点について記載する。また、サービス担当者会議を開催しない場合や会議に出席できない場合に、サービス担当者に対して行った照会の内容等についても、記載する。

第４表　　**サービス担当者会議の要点**　　作成年月日　　年　　月　　日

利用者名　　　　殿　　　　居宅サービス計画作成者（担当者）氏名

開催日　　年　　月　　日　　開催場所　　　開催時間　　　開催回数

会議出席者	所属（職種）	氏名	所属（職種）	氏名	所属（職種）	氏名
利用者・家族の出席 本人：[　　] 家族：[　　] （続柄：　　） ※備考	← 当該会議の出席者の「所属（職種）」および「氏名」を記載する。本人またはその家族が出席した場合には、その旨についても記入する。記載方法については、「会議出席者」の欄に記載、もしくは、「所属（職種）」の欄を活用して差し支えない。 また、当該会議に出席できないサービス担当者がいる場合には、その者の「所属（職種）」および「氏名」を記載するとともに、当該会議に出席できない理由についても記入する。なお、当該会議に出席できないサービス担当者の「所属（職種）」、「氏名」または当該会議に出席できない理由について他の書類等により確認することができる場合は、本表への記載を省略して差し支えない。					
検討した項目	← 当該会議において検討した項目について記載する。当該会議に出席できないサービス担当者がいる場合には、その者に照会（依頼）した年月日、内容および回答を記載する。また、サービス担当者会議を開催しない場合には、その理由を記載するとともに、サービス担当者の氏名、照会（依頼）年月日、照会（依頼）した内容および回答を記載する。なお、サービス担当者会議を開催しない理由またはサービス担当者の氏名、照会（依頼）年月日もしくは照会（依頼）した内容および回答について他の書類等により確認することができる場合は、本表への記載を省略して差し支えない。					
検討内容	← 当該会議において検討した項目について、それぞれ検討内容を記載する。その際、サービス内容だけでなく、サービスの提供方法、留意点、頻度、時間数、担当者等を具体的に記載する。 なお、「検討した項目」および「検討内容」については、一つの欄に統合し、合わせて記載しても差し支えない。					
結論	← 当該会議における結論について記載する。					
残された課題 （次回の開催時期）	← 必要があるにもかかわらず社会資源が地域に不足しているため未充足となった場合や、必要と考えられるが本人の希望等により利用しなかった居宅サービスや次回の開催時期、開催方針等を記載する。					

なお、これらの項目の記載については、当該会議の要点を記載するものであることから、第三者が読んでも内容を把握、理解できるように記載する。

第5章 ケアプランの実行

1 運営基準減算（担当者への交付）

2 個別サービス計画の提出依頼

3 第2表　サービス内容

運営基準減算(担当者への交付)

サービス事業所にケアプランの交付を忘れた場合は、運営基準減算になるのでしょうか?

居宅介護支援事業所の管理者をしています。

サービス事業所から、当事業所のケアマネジャーが、ケアプランを交付してくれない、という苦情を受けました。名指しされたケアマネジャーに確認したところ、忙しさなどからサービス事業所への交付が後回しになっていることがわかりました。

サービス事業所(担当者)へのケアプランの交付忘れについては、運営基準減算に該当すると聞き、不安になりました……。

この場合、事業所としてどのように取り扱えばよいですか?

考えてみよう!

以下から、最も適切なものを1つ選択してください。

1:運営基準減算に該当しない。

2:ケアプランを作成した月の運営基準減算に該当する。

3:ケアプランを交付した前月まで運営基準減算に該当する。

最も適切なものは…

3：ケアプランを交付した前月まで運営基準減算に該当する。

根拠 算定基準別表イ注3、定める基準第82号、算定基準の解釈通知第三の6

1.「運営基準減算」とは

「運営基準減算」とは、算定基準の別表イ注3にて、定める基準第82号に示された運営基準の条項を適切に実施できない場合に適用となる減算であり、初月は100分の50の減算となり、2か月以上継続した場合は所定単位数を算定できないという厳しい減算です（1-3 ポイントメモ参照）。

運営基準減算に該当する同省令の条項は次の表のとおりです。

■運営基準減算に該当する「居宅介護支援運営基準」の条項

- 第4条第2項　（内容及び手続の説明及び同意）
- 第13条第7号（課題分析における留意点）
- 同条第9号　（サービス担当者会議等による専門的意見の聴取）
- 同条第10号　（ケアプランの説明及び同意）
- 同条第11号　（ケアプランの交付）
- 同条第14号　（モニタリングの実施）
- 同条第15号　（ケアプランの変更の必要性についてのサービス担当者会議等による専門的意見の聴取）
- 同条第16号　（第7号、第9～11号をケアプランの変更に準用する場合）

2．運営基準減算の目的と性質

また、運営基準減算については、算定基準の解釈通知第三の6において、「適正なサービスの提供を確保するためのものであり、運営基準に係る規定を遵守するよう努めるものとする」とされています。併せて、同通知には適正なサービスの提供を確保することが目的であることなどから、市町村等の指定監督者には、遵守指導の徹底と、当該指導に従わない場合には、特別な事情がある場合を除き、指定の取消しを検討することが示されています（1-3 ポイントメモ参照）。

つまり、運営基準減算に該当する事情がある場合に、適切に適用しなければ、事業所の指定の取消しにもつながるおそれもあるということです。

3．担当者に交付する意味

なお、ケアマネジャーは、ケアプランを作成した際には、ケアプランを遅滞なく利用者および担当者に交付しなければならないことが示されています（運営基準第13条第11号）。

ケアプランの交付は、利用者の自己決定を保障し、ケアチーム内の共通認識を図るために行います。利用者や家族の今までの生活・日課に、新たなサービスが加わることにより、さまざまな反応や変化が生じてくるはずです。この反応や変化を見逃さずに適切に対応することが、ケアチームには求められます。

ケアマネジャーは、担当者に対して当該ケアプランの趣旨と内容を十分説明し、共有・連携を図り、担当者が適切な個別サービス計画を作成できるよう配慮する必要があるのです。

4．事業所全体での取り組みを

質問の事例では、ケアプランの新規作成およびその変更にあたって、担当者への交付がなされていませんでした。つまり、担当者への交付の義務を果たしておらず、不適切な状況となっています。このような場合、算定基準の解釈通知第三の6において、ケアマネジャーが、ケアプランを担当者に公布するに至った月の前月まで減算することが示されています（1-3 ポイントメモ参照）。

担当者への交付をうっかり実施し忘れている場合、複数月連続で減算となってしまうこともあります。ケアプランの作成・変更の際には、担当者への交付までが一連の作業であることを事業所全体で徹底し、運営基準減算を回避しましょう。

・担当者へのケアプランの交付し忘れは運営基準減算に該当する

・運営基準減算に該当する場合は、事業所として適切な対応を行う義務がある

ポイントメモ　―さらに理解を深めるために―

・運営基準減算については、1-3のポイントメモ（40ページ）を参照

個別サービス計画の提出依頼は、どのようなルールになっているのでしょうか？

居宅介護支援事業所のケアマネジャーです。

ケアプランの作成（変更）時に担当者にケアプランを交付した際、個別サービス計画（以下、「個別計画」）の提出を依頼しています。

しかし、先日も提出を依頼したのですが、ある訪問介護事業所からは結局提供いただけませんでした……。

年　月　日	項　　目	内　　容
20××年 ○月□日（木） 14：00～15：00	目的：訪問介護計画の提出依頼 A訪問介護事業所へ電話発信 サービス提供責任者B氏と話す	訪問介護計画の提出を依頼したところ、A事業所では訪問介護計画をケアマネジャーに提出していないとのこと。 利用者の事故予防、サービス提供の充実のために必要なことを伝え、重ねて提出を依頼するが拒否される。 （署名）

考えてみよう！

先に示した個別計画の提出を依頼した際の居宅介護支援経過の記載を確認し、以下のうち、いずれか1つを選択してください。

1：適切な記載である。

2：不適切な記載である。

1：適切な記載である。

根拠 運営基準第13条第12号、解釈通知第二の3⑻⑫、サービスの運営基準第199条の2第4項、サービスの解釈通知第3の1の3⒁など

1．個別計画を集める目的

居宅ケアマネジャーには、個別サービス計画（以下、「個別計画」）の提出を求める義務があります（運営基準第13条第12号）。

①居宅介護支援事業所のルール：法令に規定

> 運営基準
>
> 第13条
>
> ☆十二　介護支援専門員は、居宅サービス計画に位置付けた指定居宅サービス事業者等に対して、訪問介護計画（略）等指定居宅サービス等基準において位置付けられている計画の**提出を求めるものとする**。

ケアマネジャーが担当者に対する個別計画の提出を依頼する目的は、ケアプランと個別計画の連動性を高め、居宅介護支援事業者とサービス提供事業者の意識の共有を図るためです（解釈通知第二の3⑻⑫）。

2．サービス事業所のルール

併せて、サービス事業所側の法令・通知についても、この機会に確認をしておきましょう。

実は、福祉用具貸与を除くサービス事業所には、個別計画をケアマネジャーに交付する法令上の規定はなく、サービスの解釈通知に追記がされただけとなっています。

②福祉用具貸与事業所のルール：法令に規定

> サービスの運営基準
>
> 第199条の2（福祉用具貸与計画の作成）
>
> 4　福祉用具専門相談員は、福祉用具貸与計画を作成した際には、当該福祉用具貸与計画を利用者及び当該利用者に係る介護支援専門員に交付しなければならない。

③福祉用具貸与事業所以外のサービス事業所※のルール：法令の規定はなく、通知に規定

> サービスの解釈通知
>
> 第三の一の3⒁
>
> ⑥　（略）指定訪問介護事業者は、当該居宅サービス計画を作成している**指定居宅介護支援事業者から訪問介護計画の提供の求めがあった際には、当該訪問介護計画を提供することに協力するよう努めるものとする**。

これらから、ケアマネジャーとサービス事業所の双方に、ケアプランと個別計画の積極的な活用と慎重な取扱いの両立が求められていること、ケアマネジャーにはリーダーシップを発揮し、率先して連絡調整をすることが求められていることが読みとれます。

※　訪問入浴介護を除く

3．個別計画の提出を求めた記録

個別計画を受け取れていない利用者については、「個別計画の提出を求めた」証拠（記録）を残せているか、「居宅介護支援経過（第5表）」などを再確認しましょう。

本問の事例では「居宅介護支援経過（第5表）」に記録を残す場合を提示しましたが、担当者への提出依頼についてはサービス担当者会議を活用し、個別計画の提出を求めることも多いと聞きます。このような場合には、会議中に口頭で提出を依頼するだけではなく、「提出を求めた」ことを「サービス担当者会議の要点（第4表）」に忘れずに記載しましょう。

なお、利用者の自立支援と事故予防のためケアプランと個別計画の連動性や整合性について確認することが、個別計画の提出を求める目的です。ケアマネジャーとしては、提出を受けた後の確認や連絡調整作業こそが本来求められている役割であることも忘れないでください。

まとめ

・ケアプランと個別計画との連動性を高め、事業者どうしの意識の共有を図るため、ケアマネジャーには、個別計画の提出を求める義務がある

■「居宅介護支援経過(第5表)」の記載例とその意図

年　月　日	項　　目	内　　容
20××年 ○月□日（木） 14：00～15：00	目的：訪問介護計画の提出依頼 A訪問介護事業所へ電話発信 ❶ サービス提供責任者B氏と話す ❷	訪問介護計画の提出を依頼したところ、A事業所では訪問介護計画をケアマネジャーに提出していないとのこと。 利用者の事故予防、サービス提供の充実のために必要なことを伝え ❸、重ねて提出を依頼するが拒否される。 （署名）

❶ “電話”とだけ記載するのではなく、“電話発信”“電話受信”まで記載することで、どちらが求めたのかが明確になり、後日支援を検証する際などにも便利です。

❷ 後日連絡調整等が必要になる場合もあるため、会話した相手がわかるよう記録します。

❸ ケアマネジャーの説明の概要がわかるよう記録します。

■「サービス担当者会議の要点(第4表)」への記載例

出席した担当者に、個別サービス計画の提出を依頼。❶ 会議を欠席した通所介護事業所には、翌日16：00電話発信し、サービス担当者会議の概要と結果を伝えた際に、通所介護計画の提出を依頼し、了承を得る。❷

❶ 第4表の「検討内容」「結論」「残された課題」などのいずれかに記載する。指定の場所はないが、事業所で統一し、管理を容易にする。

❷ 対応した時間がずれている場合も、内容や目的（個別サービス計画の提出依頼）が同じなので、同じ場所に記載する。

ポイントメモ　ーさらに理解を深めるためにー

運営基準　第13条	解釈通知　第二の3(8)
☆十二　介護支援専門員は、居宅サービス計画に位置付けた指定居宅サービス事業者等に対して、訪問介護計画（指定居宅サービス等の事業の人員、設備及び運営に関する基準（平成11年厚生省令第37号。以下「指定居宅サービス等基準」という。）第24条第1項に規定する訪問介護計画をいう。）等指定居宅サービス等基準において位置付けられている計画の提出を求めるものとする。	⑫　担当者に対する個別サービス計画の提出依頼（第12号） 居宅サービス計画と個別サービス計画との連動性を高め、居宅介護支援事業者とサービス提供事業者の意識の共有を図ることが重要である。 このため、基準第13条第12号に基づき、担当者に居宅サービス計画を交付したときは、担当者に対し、個別サービス計画の提出を求め、居宅サービス計画と個別サービス計画の連動性や整合性について確認することとしたものである。 なお、介護支援専門員は、担当者と継続的に連携し、意識の共有を図ることが重要であることから、居宅サービス計画と個別サービス計画の連動性や整合性の確認については、居宅サービス計画を担当者に交付したときに限らず、必要に応じて行うことが望ましい。 さらに、サービス担当者会議の前に居宅サービス計画の原案を担当者に提供し、サービス担当者会議に個別サービス計画案の提出を求め、サービス担当者会議において情報の共有や調整を図るなどの手法も有効である。

「サービス内容」欄は、どのように書けばよいのでしょうか？

第2表の「サービス内容」欄の書き方について質問します。

「サービス内容」欄には、方針等も丁寧に記載したほうがよいのか？　それともサービス内容を端的に記載したほうがよいのか？　どのように考えればよいのでしょうか？

また、当該欄については、2021（令和3）年3月31日に標準様式通知が改正され、ケアプランに生活援助を厚生労働大臣が定める回数以上位置づけた場合には、訪問介護が必要な理由を記載することになりました。このことについても、併せて知りたいと思っています。

考えてみよう！

サービス内容欄の記載について、以下のうち、より適切なものを選択してください。

1：サービスの方針等も丁寧に記載する欄のため、必要な理由を記載する。

2：サービス内容を端的に記載する欄のため、「生活援助」「訪問介護」など端的に記載する。

1：サービスの方針等も丁寧に記載する欄のため、必要な理由を記載する。

根拠 運営基準第13条第18号の2、同条第18号の3、標準様式通知別紙3のⅣの2④

理解が深まる解説

1．サービス内容の記載のルール

ケアプランの効果的な実行には、「短期目標」の達成に必要な最適のサービスの内容とその方針を明らかにし、それを実行できるサービス種別およびサービス事業所を調整する必要があります。

本欄には、「短期目標」の達成に必要な最適のサービスの内容とその方針を明らかにしたうえで、適切・簡潔に記載します。

そして、そのサービスの特性や利用者の希望などにより、いずれの居宅サービス事業者のサービスが最も相応しいかを評価・選択し、「サービス種別」欄に記載します。

すなわち、“いつ”、“どこで”、“誰が”、“何をするか”がわかるよう、具体的に、かつ、適切・簡潔に記載しましょう。

2．サービス事業所の効率化よりも利用者の満足度を優先し、利用者の満足度よりも利用者の利益を優先する

なお、サービス内容は、サービス事業者等が、個別サービス計画を作成する際の指標となるものですから、必要なサービス（送迎、入浴、清掃など）については、漏れなく記入する必要があります。

併せて、サービスが、利用者のできること、していることを奪わ

ないことへの配慮も必要です。

高齢者へのサービス提供においては、援助職がすべてを提供したほうが時間もかからず、利用者や家族の満足度も高い場合が一般的です。しかし、やってあげる（お世話型の）サービス提供は、利用者のできること、していることを奪ってしまう（利用者の利益を損ねる）危険性も含みます。主体は利用者であり、サービスの提供は利用者が苦手な部分等を補うもの（補助的な役割）であることが、利用者をはじめとするケアチーム全員で共有できるように、本欄の記載を利用しましょう。

３．生活援助中心型の訪問介護等の記載のルール

また、標準様式通知において、「居宅サービス計画に厚生労働大臣が定める回数以上の訪問介護を位置付ける場合にあっては、その利用の妥当性を検討し、当該居宅サービス計画に訪問介護が必要な理由を記載する必要があるが、その理由を当該欄に記載しても差し支えない」とされており、その内容や方針、必要な理由を記載することが求められています。生活援助の回数が多い場合は、ケアプランにそのサービスが必要な理由をしっかりと残しましょう。

なお、2021（令和3）年度の介護報酬改定で、ケアプランの届出制において、行政職員等を派遣する形で行うサービス担当者会議等による検証方法が可能となりました。

サービス担当者会議は、「担当者」を招集して行う会議です。検証方法にサービス担当者会議が加わったことからも、検証の可能性のある事例には、ケアプランに市町村職員を位置づけ「担当者」としておくなどの工夫も必要になるでしょう。

■生活援助中心型の訪問回数が多い場合などのケアプランの記載

第2表　居宅サービス計画書(2)　抜粋

サービス内容	※1	サービス種別
洗濯物を振り分ける、洗濯物をたたむ		本人
洗濯の介助（洗濯機による洗濯と洗濯物干し、夕方に取り込み）	○	訪問介護
介護給付費の適正化に関する助言		■□市

第3表　週間サービス計画表　抜粋

週単位以外のサービス	■□市（年1回程度）

まとめ

・サービス内容には、"いつ"、"どこで"、"誰が"、"何をするか"がわかるよう、適切・簡潔に記載する

・生活援助の回数が多い場合は、ケアプランにそのサービスが必要な理由を記載する

ポイントメモ　ーさらに理解を深めるためにー

運営基準　第13条

★十八の二　介護支援専門員は、居宅サービス計画に厚生労働大臣が定める回数以上の訪問介護（厚生労働大臣が定めるものに限る。以下この号において同じ。）を位置付ける場合にあっては、その利用の妥当性を検討し、当該居宅サービス計画に訪問介護が必要な理由を記載するとともに、当該居宅サービス計画を市町村に届け出なければならない。

★十八の三　介護支援専門員は、その勤務する指定居宅介護支援事業所において作成された居宅サービス計画に位置付けられた指定居宅サービス等に係る居宅介護サービス費、特例居宅介護サービス費、地域密着型介護サービス費及び特例地域密着型介護サービス費（以下この号において「サービス費」という。）の総額が法第43条第2項に規定する居宅介護サービス費等**区分支給限度基準額に占める割合及び訪問介護に係る居宅介護サービス費がサービス費の総額に占める割合が厚生労働大臣が定める基準に該当する場合であって、かつ、市町村からの求めがあった場合には、**当該指定居宅介護支援事業所の居宅サービス計画の利用の妥当性を検討し、当該居宅サービス計画に訪問介護が必要な理由等を記載するとともに、当該居宅サービス計画を市町村に届け出なければならない。

・サービス内容の［記載要領］は、3-5（98〜99ページ）を参照
・担当者の定義は、4-1（103ページ〜）を参照

第6章 モニタリングと再アセスメント

1 運営基準減算（モニタリング結果の記録）

2 モニタリングの実施方法

3 アセスメントシートの複数回使用

4 軽微な変更（目標期間の延長）

1 運営基準減算(モニタリング結果の記録)

モニタリングでは、どのような場合に運営基準減算に該当しますか?

居宅介護支援事業所のケアマネジャーです。

先日の実地指導で、「モニタリングの結果が記録されていない」と指摘され、運営基準減算の適用を受けました。

モニタリングについては、モニタリングシートは使わず居宅介護支援経過にのみ記載しています。

■指摘を受けた居宅介護支援経過の記載

年　月　日	項　　目	内　　容
20××年 ○月□日(月) 13:00〜13:10	目的:モニタリング 居宅訪問 本人と面接	顔色良好。笑顔あり。 来月の利用予定票の確認をする。　(署名)

考えてみよう!

先に示した居宅介護支援経過に関する判断について、より適切なものを選択してください。

1:運営基準減算に該当する。

2:運営基準減算に該当しない。

最も適切なものは…

1：運営基準減算に該当する。

根拠　運営基準第13条第13号・第14号、解釈通知第二の3(8)⑬・⑭、算定基準別表イ注3、算定基準の解釈通知第三の6

1．モニタリングの定義と実施上の留意点

モニタリングとは、「居宅サービス計画の作成後における、居宅サービス計画の実施状況の把握（利用者についての継続的なアセスメントを含む。）」と定義されています（運営基準第13条第13号）。

つまり、ケアプランの実施状況等の把握および評価等が、モニタリングの定義ですから、“ケアプラン作成後のケアマネジャーの仕事のほとんどはモニタリング”といっても過言ではありません。電話もファクシミリも事業所への訪問も居宅訪問も記録も、ケアプランの評価・確認につながる行為はモニタリングと呼べるのです。

ただし、モニタリングにおいては、「特段の事情」がない限り、同条第14号のイ（少なくとも1か月に1回、利用者の居宅を訪問し、利用者に面接すること）とロ（少なくとも1か月に1回、モニタリングの結果を記録すること）の両方を満たさなければならず、満たせなかった場合には、運営基準減算が適用されます。

2.「特段の事情」とは、利用者の事情

なお、ここでいう「特段の事情」とは、解釈通知第二の3⑻⑭に示されているとおり、利用者の事情により、利用者の居宅を訪問し、利用者に面接することができない場合を主として指し、ケアマネジャーに起因する事情は含まれません。

さらに、「特段の事情」がある場合については、その具体的な内容を記録しておくことが必要です。

利用者の事情で、自宅訪問による面接ができないことなどは、「特段の事情」に該当する場合もあると考えられます。しかし、モニタリングの結果を記録しないことが、利用者の事情である場合は少ないでしょう。

つまり、質問の事例の居宅介護支援経過は、「居宅訪問による本人との面接」は満たしていますが、「モニタリング結果の記録（ケアプランの実施状況）」がわかりません。また、利用者の自宅を訪問し、利用者と面接していることなどから、モニタリング結果の記録がない状況が、利用者の事情になるとは考えにくく、運営基準減算が適用されることになるのです。

3．モニタリング結果の記録を見直そう

モニタリング結果の記録は、標準様式等が示されていません。このため、モニタリングシートと居宅介護支援経過（第5表）のいずれを使用してもよいとされています。しかし、モニタリング結果の記録を漏らさずに記録として残すためには、モニタリングシートを使用するほうが効率的な場合が多いです。

自分や事業所のモニタリング結果の記録（居宅介護支援経過、モニタリングシート）が内容を満たしているか確認をしてみましょう。

・モニタリングに当たっては、特段の事情がない限り、①月1回以上、居宅を訪問し本人と面接すること、②月1回以上、モニタリング結果の記録を残すこと、を満たす必要がある

・モニタリングにおける「特段の事情」は、利用者の事情を指し、ケアマネジャーの事情は含まれない

ポイントメモ　ーさらに理解を深めるためにー

運営基準	解釈通知　第二の3(8)
第3章　運営に関する基準 (指定居宅介護支援の具体的取扱方針) 第13条 ★十四　介護支援専門員は、第13号に規定する実施状況の把握（以下「モニタリング」という。）に当たっては、利用者及びその家族、指定居宅サービス事業者等との連絡を継続的に行うこととし、特段の事情のない限り、次に定めるところにより行わなければならない。 イ　少なくとも1月に1回、利用者の居宅を訪問し、利用者に面接すること。 ロ　少なくとも1月に1回、モニタリングの結果を記録すること。	⑭　モニタリングの実施（第14号） 介護支援専門員は、モニタリングに当たっては、居宅サービス計画の作成後においても、利用者及びその家族、主治の医師、指定居宅サービス事業者等との連絡を継続的に行うこととし、当該指定居宅サービス事業者等の担当者との連携により、モニタリングが行われている場合においても、特段の事情のない限り、少なくとも1月に1回は利用者の居宅で面接を行い、**かつ**、少なくとも1月に1回はモニタリングの結果を記録することが必要である。 また、「特段の事情」とは、利用者の事情により、利用者の居宅を訪問し、利用者に面接することができない場合を主として指すものであり、介護支援専門員に起因する事情は含まれない。 さらに、当該特段の事情がある場合については、その具体的な内容を記録しておくことが必要である。 なお、基準第29条第2項の規定に基づき、モニタリングの結果の記録は、2年間保存しなければならない。

サービス担当者会議の開催とモニタリングは、同時に行うことができるのでしょうか？

先日、「サービス担当者会議の開催とモニタリング訪問を同時にしてはならない」と話すケアマネジャーに会いました。

確かに「ケアプラン原案の内容について、担当者に専門的な見地から意見を求める」ために開催するサービス担当者会議と、「ケアプランの確認・評価」のために行うモニタリングでは目的が異なるため、同時開催が難しい場合もあることは理解できます。

しかし、病状の急変等に伴い、緊急に自宅でカンファレンスを開催した場合などは、サービス担当者会議の開催とモニタリング訪問を同時に行うことも可能だと思うのですが……。

考えてみよう！

以下から、最も適切なものを１つ選択してください。

1：サービス担当者会議とモニタリングは、常に同時開催・実施が可能である。

2：サービス担当者会議とモニタリングは、同時開催・実施が可能な場合もある。

3：サービス担当者会議とモニタリングを同時開催・実施はできない。

2：サービス担当者会議とモニタリングは、同時開催・実施が可能な場合もある。

根拠　運営基準第13条第9号・第13号・第14号・第15号・第16号

1．初回はサービス担当者会議との同時開催は不可能！

モニタリングは、特段の事情のない限り、少なくとも1月に1回は居宅で利用者と面接して行うことと、少なくとも1月に1回はモニタリングの結果を記録することが義務づけられています（運営基準第13条第14号）。

サービス担当者会議に関しては、開催場所が自宅に限られていないことや、本人が出席することは原則ですが、本人が欠席した場合のペナルティはないことなど、モニタリングのルールとは異なります（第4章参照）。

ただし、初回のサービス担当者会議は、運営基準第13条第9号にあるように、「利用者の状況等に関する情報を担当者と共有するとともに、当該居宅サービス計画の原案の内容について、担当者から、専門的な見地からの意見を求める」ために開催します。つまり、初回のサービス担当者会議時にはケアプランが確定していない状態であるため、ケアプランの評価・確認を意味するモニタリングとの同時開催は不可能です。

2．同時開催でも本来の目的・ねらいは明確に！

1. で示したいくつかの条件をクリアしていれば、サービス担当者会議の開催時にモニタリングを実施することも可能です※。

なお、同時に実施することが可能な場合においても、それぞれの本来の目的やねらいは異なります。このため、同時開催した場合でも、「サービス担当者会議の要点（第4表）」とモニタリングの結果の記録を分けて記載するなど、適切なケアマネジメントの提供と記録の管理に努めましょう。

※　事例の状況によって異なるため、事例ごとに判断が必要となります。

3．モニタリング結果を科学的介護に活かす

2021（令和3）年度からは、介護サービスの質の評価と科学的介護の取組を推進し、介護サービスの質の向上を図ることを目的に、LIFE※による情報の収集・活用とPDCAサイクルの推進が進められています。

居宅介護支援においても、各利用者のデータおよびフィードバック情報のケアマネジメントへの活用が努力義務となりました（運営基準第1条の2第6項）。

時代の流れではありますが、従前以上にモニタリングで得た情報を有効活用し、介護給付費等の適正化と利用者の権利擁護の両立に寄与していきましょう。

※　科学的介護情報システム（Long-term care Information system For Evidence；LIFE ライフ）

まとめ

サービス担当者会議の開催とモニタリングの実施が同時にできない場合の例とその理由

・**初回のサービス担当者会議時**：
ケアプランが確定していない状態で、ケアプランの評価・確認を行うモニタリングの実施は不可能

・**サービス担当者会議を居宅以外で行う場合**：
モニタリングの実施に関する運営基準を満たしておらず、運営基準減算に該当してしまうため

・**サービス担当者会議に本人が出席しない場合**：
モニタリングの実施に関する運営基準を満たしておらず、運営基準減算に該当してしまうため

ポイントメモ ―さらに理解を深めるために―

運営基準　第1条の2	解釈通知　第二の3
☆6　指定居宅介護支援事業者は、指定居宅介護支援を提供するに当たっては、法第118条の2第1項に規定する介護保険等関連情報その他必要な情報を活用し、適切かつ有効に行うよう努めなければならない。	(1)　介護保険等関連情報の活用とPDCAサイクルの推進について 基準第1条の2第6項は、指定居宅介護支援を行うに当たっては、介護保険法第118条の2第1項に規定する介護保険等関連情報等を活用し、事業所単位でPDCAサイクルを構築・推進することにより、提供するサービスの質の向上に努めなければならないこととしたものである。

3 アセスメントシートの複数回使用

アセスメントシートには上書きをしてもよいでしょうか？

研修などでは、上書きして複数回使用できるアセスメントシートを利用している方と、1回だけ使用するアセスメントシートを使用している方の両方に出会います。

複数回の場合は経過が見やすく変化も把握しやすい反面、どの記載がいつ時点のものか判別しにくい難点があります。

反対に、1回ずつシートを変えると、そのときの状況はわかりやすいのですが、変化などの確認には、以前のシートを用いて確認をする必要が生じるなど不便な点もあります。

アセスメントシートは上書きをしてもよいのでしょうか？（複数回分を1つのシートに記載することはできますか？）

考えてみよう！

以下のうち、最も適切なものを1つ選択してください。

1：アセスメントシートは上書きして使用しなければならない。

2：アセスメントシートの上書きは認められている。

3：アセスメントシートの上書きは禁止されている。

最も適切なものは…

2：アセスメントシートの上書きは認められている。

根拠 標準様式通知

1．標準様式通知の解釈を改めて確認！

ケアプランに関しては、標準様式通知の別紙3にて、次のように示されています。「同一用紙に介護サービス計画の変更を継続して記録していくものではなく、介護サービス計画の作成（変更）の都度、別の用紙（別葉）に記録する、時点主義の様式を前提に考える」「但し、サービス内容への具体的な影響がほとんど認められないような軽微な変更については、当該変更記録の箇所の冒頭に変更時点を明記しつつ、同一用紙に継続して記載することができるものとする」

このため、ケアプランは原則として、1回ずつ新たな用紙に記載することとし、軽微な変更に該当する際は上書きで修正をしてよい、と判断されることが多いのです。

この別紙3の記載は、ケアプランへの限定内容のため、アセスメントシートは含まれません。このため、アセスメントシートは、複数回使用することも可能と考えられています。

2．情報開示に主眼を置いた記載を！

アセスメントシートも情報開示の請求を受けた場合には、開示する書類です。複数回の使用と長期の保存に適した紙を使用し、情報開示にも適切に対応できる記載（記入時点と内容を明らかにするなど）も心がけましょう。

複数回使用する場合にはペンの色を分けて記載する事業所もあると聞いていますが、色を分ける方式では、情報開示の際の対応が不十分になることも考えられます。

また、消すことのできるボールペンは、コピー機の使用等で熱が集中してかかったときには、消えてしまう可能性もあるため、使用しないようにしましょう。

3．市町村等のルールがあるなら従おう！

なお、文書管理の関係から、同一書類内で日付が異なる使用（反復や上書きをすること）を禁じている事業者（法人）や、ケアプラン原案やサービス担当者会議との紐づきを明確にするため、アセスメントシートの上書きを原則として認めないとする市町村等もあると聞きます。

アセスメントシートの上書きについては、ケアプランに限定された通知記載を逆手に取ったような考えから行われているものです。つまり、上書きを可能と考える根拠としては弱いといえるでしょう。このため、市町村等の取り決めがある場合には、アセスメントシートの複数回の使用はできないと考えてください。

・アセスメントシートは原則として複数回使用可能

・反復してアセスメントシートを使用する場合は、以下の2点を満たすこと

①反復使用に耐え、保存に適した紙を使用すること

②情報の開示に対応できる記載を心がけること

・法人の内規等により禁止されている場合には、反復使用はできない

・地域での取り決めなどがある場合にはそれに従おう

ポイントメモ　―さらに理解を深めるために―

■ケアプランの上書き記載等に触れている通知

標準様式通知　別紙3　介護サービス計画書の様式について

Ⅲ　様式を作成するに当たっての前提（順不同）

○利用者及びその家族からの開示請求がなされた場合には開示することを前提に考える。

○サービス担当者会議に提出するものであることを前提に考える。

○同一用紙に介護サービス計画の変更を継続して記録していくものではなく、介護サービス計画の作成（変更）の都度、別の用紙（別葉）に記録する、時点主義の様式を前提に考える。

［記載要領］

本様式は、当初の介護サービス計画原案を作成する際に記載し、その後、介護サービス計画の一部を変更する都度、別葉を使用して記載するものとする。**但し、サービス内容への具体的な影響がほとんど認められないような軽微な変更については、当該変更記録の箇所の冒頭に変更時点を明記しつつ、同一用紙に継続して記載することができるものとする。**

4 ｛軽微な変更（目標期間の延長）｝

短期目標の期間を長期目標の期間まで延長する場合のケアプランの取扱いは？

継続して担当している利用者（要介護者）の「短期目標」の「期間」の終了に当たり、「短期目標」の「期間」を「長期目標」の「期間」まで延伸することを、利用者の希望による“軽微な変更”で行う予定です。

再アセスメントの結果、ケアプラン上の目標設定（課題や期間）を変更する必要はなく、単に目標設定期間を延長することで、利用者の合意も得られています。

第2表の取扱いとして、短期目標の期間を変更したことがわかるように上書きをしたほうがよいのか？　利用者が確認しやすいよう新しい用紙に書き直したらよいのか？　どちらにすればよいのでしょうか？

考えてみよう！

以下から、最も適切なものを1つを選択してください。

1：同一用紙（今使っている第2表）に上書きをする。

2：同一用紙に上書きはせずに、新しい第2表を作成する。

3：1と2のどちらでもよい。

最も適切なものは…

3：1と2のどちらでもよい。

根拠 運営基準第13条第13号・第16号、改正見直し通知、標準様式通知別紙3のIII

1．軽微な変更の取扱い方

運営基準第13条第16号に示されているとおり、ケアマネジャーは、ケアプランを変更する際には、原則として基準第13条第3号から第12号までに規定されたケアプラン作成に当たっての一連の業務を行う必要があります。

しかし、利用者の希望による軽微な変更（例えば、サービス提供日時の変更等で、ケアマネジャーが基準第13条第3号から第12号までに掲げる一連の業務を行う必要性がないと判断したもの）を行う場合には、この必要はありません。

2．軽微な変更時のケアプランの取扱いについて

本来、ケアプランは時点主義で作成する書類です（標準様式通知別紙3のⅢ）。しかし、サービス内容への具体的な影響がほとんど認められないような軽微な変更については、変更記録の箇所の冒頭に変更時点を明記しつつ、同一用紙に継続して記載することができるとされています。

事例の場合、目標期間を延長する際に、新たな帳票に記載し直してもよいし、第2表の変更箇所（この場合は、短期目標の期間と、

援助内容の期間）について、変更内容がわかるように修正してもよいため、本問の答えは、「**3**：1と2のどちらでもよい」となります。

3．事業所でのルールづくりと地域の取り決めの確認を！

なお、介護保険制度は地域保険のため、軽微な変更の際の取扱いに対する考え方は、保険者等によって異なっています（例：原則として上書きとすることとしている場合、原則として別葉（新規の用紙）を使うこととしている場合があります）。

まずは事業所内での手順や表記の統一とともに、保険者等の指示やルールの確認を行い、適切に対応しましょう。

手順等が決まっていない場合には、近隣の事業所や地域包括支援センター等と協力し、地域のルールをつくり、保険者等に提案するなどの積極的な対応も検討ください。

まとめ

- 軽微な変更の際は、新たな帳票に記載し直してもよいし、変更記録の箇所の冒頭に変更時点を明記しつつ、同一用紙に継続して記載することもできる
- 軽微な変更の際の取扱いについて、事業所内での手順や表記の統一のうえ、保険者等の指示やルールに従って対応しよう

ポイントメモ　ーさらに理解を深めるためにー

運営基準　第13条	解釈通知　第二の3(8)
★十六　第3号から第12号までの規定は、第13号に規定する居宅サービス計画の変更について準用する。	⑯　居宅サービス計画の変更（第16号） 介護支援専門員は、居宅サービス計画を変更する際には、原則として、基準第13条第3号から第12号までに規定された居宅サービス計画作成に当たっての一連の業務を行うことが必要である。 なお、**利用者の希望による軽微な変更**（例えば**サービス提供日時の変更等**で、介護支援専門員が基準第13条第3号から第12号までに掲げる一連の業務を行う必要性がないと判断したもの）を行う場合には、この必要はないものとする。ただし、この場合においても、介護支援専門員が、利用者の解決すべき課題の変化に留意することが重要であることは、同条第13号（⑬居宅サービス計画の実施状況等の把握及び評価等）に規定したとおりであるので念のため申し添える。

・標準様式通知別紙3のⅢは、6-3のポイントメモ（150ページ）を参照のこと

■改正見直し通知 （別添）

3 ケアプランの軽微な変更の内容について（ケアプランの作成）	「指定居宅介護支援等の事業の人員及び運営に関する基準について（平成11年7月29日老企22号厚生省老人保健福祉局企画課長通知）」（以下､「基準の解釈通知」という。）の「第Ⅱ 指定居宅介護支援等の事業の人員及び運営に関する基準」の「3 運営に関する基準」の「(8)指定居宅介護支援の基本取扱方針及び具体的取扱方針」の「⑯居宅サービス計画の変更」において、居宅サービス計画を変更する際には、原則として、指定居宅介護支援等の事業及び運営に関する基準（平成11年3月31日厚令38、以下「基準」という。）の第13条第3号から第**12**号までに規定されたケアプラン作成にあたっての一連の業務を行うことを規定している。 なお､「利用者の希望による軽微な変更（サービス提供日時の変更等）を行う場合には、この必要はないものとする。」としているところである。
サービス提供の曜日変更	利用者の体調不良や家族の都合などの**臨時的、一時的**なもので、単なる曜日、日付の変更のような場合には､「軽微な変更」に該当する場合があるものと考えられる。 なお、これはあくまで例示であり､「軽微な変更」に該当するかどうかは、変更する内容が同基準第13条第3号（継続的かつ計画的な指定居宅サービス等の利用）から第**12**号（**担当者に対する個別サービス計画の提出依頼**）までの一連の業務を行う必要性の高い変更であるかどうかによって軽微か否かを判断すべきものである。
サービス提供の回数変更	**同一事業所における**週1回程度のサービス利用回数の増減のような場合には､「軽微な変更」に該当する場合があるものと考えられる。 （略）
利用者の住所変更	利用者の住所変更については､「軽微な変更」に該当する場合があるものと考えられる。 （略）
事業所の名称変更	単なる事業所の名称変更については､「軽微な変更」に該当する場合があるものと考えられる。 （略）

目標期間の延長	単なる目標設定期間の延長を行う場合（ケアプラン上の目標設定（課題や期間）を変更する必要が無く、単に目標設定期間を延長する場合など）については、「軽微な変更」に該当する場合があるものと考えられる。 （略）
福祉用具で同等の用具に変更するに際して単位数のみが異なる場合	福祉用具の**同一種目における機能の変化を伴わない用具の変更**については、「軽微な変更」に該当する場合があるものと考えられる。 （略）
目標もサービスも変わらない（利用者の状況以外の原因による）単なる事業所変更	目標もサービスも変わらない（利用者の状況以外の原因による）単なる事業所変更については、「軽微な変更」に該当する場合があるものと考えられる。 （略）
目標を達成するためのサービス内容が変わるだけの場合	第一表の総合的な援助の方針や第二表の生活全般の解決すべき課題、目標、サービス種別等が変わらない範囲で、目標を達成するためのサービス内容が変わるだけの場合には、「軽微な変更」に該当する場合があるものと考えられる。 （略）
担当介護支援専門員の変更	契約している居宅介護支援事業所における担当介護支援専門員の変更（但し、**新しい担当者が利用者はじめ各サービス担当者と面識を有していること**。）のような場合には、「軽微な変更」に該当する場合があるものと考えられる。 （略）

注１：太字下線は、現行の条項等に読み替えて使用する部分の読み替え後の内容である。

２：すべての「（略）」の部分には、「サービス提供の曜日変更」に記された「なお、」以降の文章が入る。

第7章 終結・記録の保存

1 記録の整備と保存

2 担当交代時の書類のやりとり

3 電磁的記録による記録の保存

記録の整備と保存

記録はいつから何年間の保存義務があるのでしょうか？

保険者によって、記録の保存年限が２年と５年に大きく分かれており、また記録保存の起算日※も異なっています。

私の勤務する法人では記録の保存年限を、契約終了日から５年間と規定している（最も長い期間指示に合わせている）ため、管理への支障はありません。

しかし、事業所の所在地で記録の保存年限や起算日が変わる（２年と５年が入り組む、記録保存の開始日が違う）ものなのでしょうか？

※　起算日：期間を計算し始める第一日のこと

考えてみよう！

事例の状況の場合、記録の整備のルールについて、いずれか１つを選択してください。

1：記録の整備のルールは指定監督者によって異なる。

2：記録の整備のルールは全国一律である。

最も適切なものは…

1：記録の整備のルールは指定監督者によって異なる。

根拠 運営基準第29条、解釈通知第二の3⑵4、令和3年度介護報酬改定に関するQ&A（vol.3）（令和3年3月26日）問2

理解が深まる解説

1．条例制定の際の「参酌すべき基準」

2018（平成30）年4月からは、指定居宅介護支援事業者の指定監督権限が市町村に移譲され、事業者が守るべき運営基準も市町村が制定する条例に委任されました。

また、「記録の整備（運営基準第29条）」については、条例制定時の「参酌すべき基準」に該当するため、全国一律の保存期間ではなく、市町村が定めた期間となりました。

このため、運営基準で「完結の日から2年間」とされている規定を「2年間」のままにした市町村と、「5年間」等とした市町村に分かれているのです。

2．「完結の日」の考え方

また、市町村によって異なる記録の整備のルールについては、2年間や5年間などの保存年限の違いだけではなく、記録保存の起算日についても同様です。

「参酌すべき基準」に該当する条項のため、条例を制定する際に、運営基準の「完結の日」のままとした市町村と、異なる表現にした市町村があり、実際の条例においては、次のような表現としている場合が見受けられます。

■記録の整備に関する起算日の違い

- 完結の日から〇年間
- 契約終了日から〇年間
- 支援の終了日から〇年間
- 支援の提供日から〇年間
- 介護報酬の支払を受けた日から〇年間　　など

3．新たに示された統一見解

なお、2021（令和3）年度介護報酬改定において、記録の保存期間について、他の制度の取扱いも参考としつつ、明確化を図るため、運営基準第29条の解釈通知が初めて示されました（解釈通知第二の3(24)）。

解釈通知
第二の3
(24)　記録の整備

基準第29条第2項は、指定居宅介護支援事業者が同項各号に規定する記録を整備し、2年間保存しなければならないこととしたものである。

なお、「その完結の日」とは、個々の利用者につき、契約終了（契約の解約・解除、他の施設への入所、利用者の死亡、利用者の自立等）により**一連のサービス提供が終了した日**を指すものとする。

これにより、2年間以外の保存年限としている市町村や、同様に、「完結の日」を「支援の提供日」「介護報酬の支払日」などとしている市町村については、今後、条例が変更されていく可能性があります。

4．事業者（法人）としての対応を

併せて、「令和3年度介護報酬改定に関するQ&A（Vol.3）（令和3年3月26日）」問2も確認しておきましょう。

> ○　指定基準の記録の整備の規定について
> 問2　指定基準の記録の整備の規定における「その完結の日」の解釈が示されたが、指定権者が独自に規定を定めている場合の取扱い如何。
> （答）
> ・指定権者においては、原則、今回お示しした解釈に基づいて規定を定めていただきたい。
> ・なお、指定権者が独自に規定を定めている場合は、当該規定に従っていれば、指定基準違反になるものではない。

記録の整備は事業者（法人）の責任ですから、「完結の日」や「支援の終了日」などとは別の表現で示されている市町村に所在する居宅介護支援事業所は、どのように対応するか事業者の方針についても確認しましょう。

まとめ

- 記録の整備や保存は、条例制定時の参酌すべき基準になるため、指定権者によって異なる
- 書類の保存期間が終わることをもって、ケアマネジメントは終了と考えよう

ポイントメモ　―さらに理解を深めるために―

運営基準	解釈通知　第二の3
（記録の整備） ☆第29条　指定居宅介護支援事業者は、従業者、設備、備品及び会計に関する諸記録を整備しておかなければならない。	(24)　記録の整備
2　指定居宅介護支援事業者は、利用者に対する指定居宅介護支援の提供に関する次の各号に掲げる記録を整備し、その**完結の日から2年間**保存しなければならない。 一　第13条第13号に規定する指定居宅サービス事業者等との連絡調整に関する記録 二　個々の利用者ごとに次に掲げる事項を記載した居宅介護支援台帳 イ　居宅サービス計画 ロ　第13条第7号に規定するアセスメントの結果の記録 ハ　第13条第9号に規定するサービス担当者会議等の記録 ニ　第13条第14号に規定するモニタリングの結果の記録 三　第16条に規定する市町村への通知に係る記録 四　第26条第2項に規定する苦情の内容等の記録 五　第27条第2項に規定する事故の状況及び事故に際して採った処置についての記録	基準第29条第2項は、指定居宅介護支援事業者が同項各号に規定する記録を整備し、2年間保存しなければならないこととしたものである。 なお、「その完結の日」とは、個々の利用者につき、**契約終了**（契約の解約・解除、他の施設への入所、利用者の死亡、利用者の自立等）**により一連のサービス提供が終了した日を指すものとする。**

コラム　介護分野の文書に係る負担軽減

厚生労働省は、介護分野の文書に係る負担軽減の実現に向け、国、指定権者・保険者および介護サービス事業者が協働して、必要な検討を行うことを目的として、社会保障審議会介護保険部会に「介護分野の文書に係る負担軽減に関する専門委員会」を設置し、検討を重ねています。

「介護保険は書類が命」などといわれているように、取り扱う文書の種類と量が多いことも特徴です。

記録の保存とも直接関連する文書の量については、事業者だけではなく、ケアマネジャーも興味をもって見守っていただきたいと思っています。

今後の進め方

	第7期介護保険事業計画		第8期介護保険事業計画		
	R元年度 ▼中間とりまとめ	R2年度	R3年度	R4年度	R5年度
簡素化	・提出時のルールによる手間の簡素化 ・様式・添付資料の簡素化 他	・変更届及び更新申請に関する簡素化 ・併設事業所・複数指定を受ける事業所に関する簡素化　他			
標準化	・既存の取組の周知	成果の反映 ・様式例の整備 ・ガイドライン、ハンドブック等、効果的な周知方法の検討　他		・継続的な見直し	
ICT等の活用	・既存システムの現状把握 ・早期にできる対応の周知	成果の反映 ・既存システムの活用可能性、行政手続のオンライン化の動向を踏まえ、ICT化についての方針を得る	・検討結果に応じた対応（システム改修等）		

出典：第7回社会保障審議会介護保険部会介護分野の文書に係る負担軽減に関する専門委員会資料（令和2年11月13日）

7/2

担当交代時の書類のやりとり

担当介護支援専門員が交代する際の書類のやりとりはどうすべきなのでしょうか？

担当している利用者が、子どもと同居するため、来月遠方に転居します。

転居先での新たな担当ケアマネジャーも決まり、近日中に引き継ぎをすることになりました。この日の引き継ぎだけではなく、転居先で利用者が困らないよう新たに担当するケアマネジャーと連携を図っていく予定です。

ところで……。担当ケアマネジャーが交代する場合には、今までのケアプランなどの書類のやりとりについては、どのように取り扱うべきでしょうか？

考えてみよう！

以下から、最も適切なものを１つ選択してください。

1：新たな担当者（居宅介護支援事業所）に、直近のケアプランとその実施状況のわかる書類を渡す。

2：利用者に、過去のケアプランとその実施状況のわかる書類を一式渡す。

3：利用者に、直近のケアプランとその実施状況のわかる書類を渡す。

最も適切なものは…

3：利用者に、直近のケアプランとその実施状況のわかる書類を渡す。

根拠 法第69条の37、運営基準第15条、第23条

1．個人情報の適切な取扱い

ケアマネジャー資格には、法第69条の37に秘密保持義務が付されており、併せて、運営基準第23条第1項においても、居宅介護支援事業所の従業者としての秘密の保持義務が規定されています（ポイントメモ参照）。

なお、「正当な理由」の具体例については、介護保険法令等には記されていませんが、一般的には、次のいずれかに該当する場合を指すことが多いものです。

1：法令等の規定がある場合
2：本人が虚偽・不正をしている（疑いがある）場合
3：本人に危害が加わる（おそれがある）場合

ケアマネジャーの思い（「渡したほうがよいかな……」）だけで情報を漏えいすることは、「正当な理由」には該当しないため不適切な行為です。

2．ケアプランを交付する際のルール

しかし、利用者のニーズの変化が生じる可能性の高い、“転居”に伴うケアマネジャー交代において、それまで使用していたケアプランを交付することができなければ、利用者の不利益となる可能性もあります。

このような状況で、もっと活用してほしい法令が、運営基準第15条（利用者に対する居宅サービス計画等の書類の交付）です。

> **第15条**　指定居宅介護支援事業者は、利用者が他の居宅介護支援事業者の利用を希望する場合、要介護認定を受けている利用者が要支援認定を受けた場合その他利用者からの申出があった場合には、**当該利用者に**対し、**直近の**居宅サービス計画及びその実施状況に関する書類を交付しなければならない。

すなわち、転居する場合などには、「利用者」に対し、「直近」のケアプランとその実施状況に関する書類を交付し、新しい担当者に渡してもらいます。

交付の際には、ケアプランだけではなく、直近の実施状況に関する書類（アセスメントシート、第4表（サービス担当者会議の要点）、第5表（居宅介護支援経過）、モニタリングシートなど）についても、どの書類を渡すことが望ましいのかなども検討したうえで、事業者として責任のある対応をしましょう。

まとめ

・ケアマネジャー交代の際の書類のやりとりは、利用者に、直近のケアプランとその実施状況のわかる書類を渡す

■選択肢(1、2)が不適切と判断できる理由

1：新たな担当者（居宅介護支援事業所）に、直近のケアプランとその実施状況のわかる書類を渡す。

利用者以外の交付は、ケアプランを作成、修正した場合で、交付先も担当者に限定されています。担当者とは、運営基準第13条第9号に定義されているとおり、「介護支援専門員が居宅サービス計画の原案に位置づけた指定居宅サービス等の担当者」を指します。

このため、ケアプランを作成・修正した場合に該当せず、担当者でない居宅介護支援事業所への交付は不適切です。

2：利用者に、過去のケアプランとその実施状況のわかる書類を一式渡す。

利用者本人への交付という部分は適切ですが、過去のケアプランとその実施状況のわかる書類を「一式」交付する行為は不適切です。

ポイントメモ　ーさらに理解を深めるためにー

■個人情報保護に関すること

介護保険法

(秘密保持義務)

第69条の37　介護支援専門員は、**正当な理由なしに**、その業務に関して知り得た人の秘密を漏らしてはならない。介護支援専門員でなくなった後においても、同様とする。

運営基準

(秘密保持)

★第23条　指定居宅介護支援事業所の介護支援専門員その他の従業者は、**正当な理由がなく**、その業務上知り得た利用者又はその家族の秘密を漏らしてはならない。

電磁的記録による記録の保存

電磁的記録で利用者の記録を保存する場合、いつからできるのでしょうか？

私の勤める法人では、2021（令和3）年4月以降、新たに担当する利用者については、重要事項説明書を用いた契約の際に、記録の保存は原則として電磁的記録で行うことの同意を得たうえで、電磁的記録で保存します。

しかし、従前から継続して担当している利用者の記録については、改めて重要事項説明書で説明をした日以降は、電磁的記録で保存するが、それ以前の期間については紙で保存するようにとされました。

以前から担当してる利用者についても、日付をさかのぼって（以前の分も）電磁的記録で保存してはいけないのでしょうか？

考えてみよう！

以下から、最も適切なものを１つ選択してください。

1：原則として、重要事項説明書で同意を得た日以降の分のみ、電磁的記録で保存する（それ以前は従前の方法で保存する）。

2：原則として、新しく重要事項説明書で同意が得られれば、それ以前の分も含めてすべて電磁的記録での保存が可能。

3：原則として、最初に重要事項説明書で説明した時点と同じ方法で保存する。

最も適切なものは…

1：原則として、重要事項説明書で同意を得た日以降の分のみ、電磁的記録で保存する（それ以前は従前の方法で保存する）。

根拠 法第2条、運営基準第4条、第29条、第31条

1．電磁的記録での保存

2021（令和3）年度からは、介護サービス事業者の業務負担軽減やいわゆるローカルルールの解消を図る観点から、介護サービス事業者における諸記録の保存、交付について、適切な個人情報の取扱いを求めたうえで、電磁的な対応を原則認めることとし、その範囲が明確化されました。

指定居宅介護支援事業者は「この省令の規定において書面（略）で行うことが規定されている又は想定されるもの（第7条及び第13条第24号並びに次項に規定するものを除く。）」について、電磁的記録で作成、保存が可能です（運営基準第31条第1項）。

すなわち、運営基準において書面で行うことが規定（想定）されているものから、「介護保険被保険者証」を除いた書面の作成・保存等について、電磁的記録で行うことが可能となったのです。

具体的には、利用者に交付する重要事項説明書（運営基準第4条）やケアプラン（同第13条第11号）、利用者等から同意を受ける個人情報使用同意書（同第23条第3項）に加え、アセスメントシート（同第13条第6号）、サービス担当者会議の要点（同第13条第9号・第15号）、モニタリングシート（同第13条第13号）なども含まれます。

2．記録の整備は事業者（法人）の責務

ただし、介護保険サービスは、重要事項説明書を介した契約行為を経て、事業者と利用者が対等な立場になって（利用者に事業所を選択してもらって）から、居宅介護支援を提供することが原則です（運営基準第4条第1項）。

また、利用者の自己決定・自己選択を保障するという観点から、日付をさかのぼった（重要事項説明書の同意日よりも以前の）分まで、現行のルールにあわせて取扱いをすることは、不適切ととらえられる危険性もあります（法第2条）。

このため、書類保存の形式を書面から電子媒体に変更する際にも、利用者が“自分に関する記録（書類）の電子媒体での保存を認める”と重要事項説明書に同意をした日以降（利用者の同意が明確になって）から、変更することが望ましいと考えられます。

電磁的記録での保存は、事業所の業務負担軽減につながります。積極的に活用するとともに、利用者の自己決定の支援の理念の下、適切な個人情報の利用と保護の徹底を両立させるよう努めましょう。

まとめ

・運営基準で書面で行うことが規定（想定）されている内容に関する電磁的記録での対応が可能（ただし、被保険者証を除く）

・実施の際は、利用者の自己決定支援と適切な個人情報の利用と保護の徹底の両立に努めよう

ポイントメモ　―さらに理解を深めるために―

運営基準　第5章　雑則	解釈通知　第二の5　雑則
（電磁的記録等） ☆第31条　指定居宅介護支援事業者及び指定居宅介護支援の提供に当たる者は、作成、保存その他これらに類するもののうち、この省令の規定において書面（書面、書類、文書、謄本、抄本、正本、副本、複本その他文字、図形等人の知覚によって認識することができる情報が記載された紙その他の有体物をいう。以下この条において同じ。）で行うことが規定されている又は想定されるもの（第7条（第30条において準用する場合を含む。）及び第13条第24号（第30条において準用する場合を含む。）並びに次項に規定するものを除く。）については、書面に代えて、当該書面に係る電磁的記録（電子的方式、磁気的方式その他人の知覚によっては認識することができない方式で作られる記録であって、電子計算機による情報処理の用に供されるものをいう。）により行うことができる。	(1)　電磁的記録について 基準第31条第1項は、指定居宅介護支援事業者及び指定居宅介護支援の提供に当たる者（以下「事業者等」という。）の書面の保存等に係る負担の軽減を図るため、事業者等は、この**省令で規定する書面（被保険者証に関するものを除く。）の作成、保存等を次に掲げる電磁的記録により行うことができる**こととしたものである。 ①　電磁的記録による作成は、事業者等の使用に係る電子計算機に備えられたファイルに記録する方法または磁気ディスク等をもって調製する方法によること。 ②　電磁的記録による保存は、以下のいずれかの方法によること。 ア　作成された電磁的記録を事業者等の使用に係る電子計算機に備えられたファイル又は磁気ディスク等をもって調製するファイルにより保存する方法 イ　書面に記載されている事項をスキャナ等により読み取ってできた電磁的記録を事業者等の使用に係る電子計算機に備えられたファイル又は磁気ディスク等をもって調製するファイルにより保存する方法 ③　その他、基準第31条第1項において電磁的記録により行うことができるとされているものは、①及び②に準じた方法によること。 ④　また、電磁的記録により行う場合は、個人情報保護委員会・厚生労働省「医療・介護関係事業者における個人情報の適切な取扱いのためのガイダンス」及び厚生労働省「医療情報システムの安全管理に関するガイドライン」等を遵守すること。

第8章
報酬請求編

1 他市町村への転居

2 死亡退院・退所の取扱い

3 居宅介護支援費の逓減制

4 初回加算

5 特定事業所加算①
多様な主体

6 特定事業所加算②
定期的な会議

7 入院時情報連携加算

8 退院・退所加算

9 通院時情報連携加算

指定居宅介護介護報酬の算定構造　居宅介護支援費

<table>
<tr><th colspan="4" rowspan="2">基本部分</th><th>注</th><th>注</th><th>注</th><th>注</th><th>注</th></tr>
<tr><th>運営基準減算</th><th>特別地域居宅介護支援加算</th><th>中山間地域等における小規模事業所加算</th><th>中山間地域等に居住する者へのサービス提供加算</th><th>特定事業所集中減算</th></tr>
<tr><td rowspan="12">イ　居宅介護支援費
（1月につき）</td><td rowspan="6">(1) 居宅介護支援費(Ⅰ)</td><td rowspan="2">(一)　居宅介護支援費(i)</td><td>要介護1・2
(1,076単位)</td><td rowspan="12">(運営基準減算の場合)×50/100
(運営基準減算が2月以上継続している場合)算定しない</td><td rowspan="2">+15／100</td><td rowspan="2">+10／100</td><td rowspan="12">+5／100</td><td rowspan="12">1月につき
−200単位</td></tr>
<tr><td>要介護3・4・5
(1,398単位)</td></tr>
<tr><td rowspan="2">(二)　居宅介護支援費(ii)</td><td>要介護1・2
(539単位)</td><td rowspan="4"></td><td rowspan="4"></td></tr>
<tr><td>要介護3・4・5
(698単位)</td></tr>
<tr><td rowspan="2">(三)　居宅介護支援費(iii)</td><td>要介護1・2
(323単位)</td></tr>
<tr><td>要介護3・4・5
(418単位)</td></tr>
<tr><td rowspan="6">(2) 居宅介護支援費(Ⅱ)</td><td rowspan="2">(一)　居宅介護支援費(i)</td><td>要介護1・2
(1,076単位)</td><td rowspan="2">+15／100</td><td rowspan="2">+10／100</td></tr>
<tr><td>要介護3・4・5
(1,398単位)</td></tr>
<tr><td rowspan="2">(二)　居宅介護支援費(ii)</td><td>要介護1・2
(522単位)</td><td rowspan="4"></td><td rowspan="4"></td></tr>
<tr><td>要介護3・4・5
(677単位)</td></tr>
<tr><td rowspan="2">(三)　居宅介護支援費(iii)</td><td>要介護1・2
(313単位)</td></tr>
<tr><td>要介護3・4・5
(406単位)</td></tr>
</table>

<table>
<tr><td colspan="2">ロ　初回加算　(1月につき　+300単位)</td></tr>
<tr><td rowspan="4">ハ　特定事業所加算</td><td>(1)　特定事業所加算(Ⅰ)　(1月につき +505単位)</td></tr>
<tr><td>(2)　特定事業所加算(Ⅱ)　(1月につき +407単位)</td></tr>
<tr><td>(3)　特定事業所加算(Ⅲ)　(1月につき +309単位)</td></tr>
<tr><td>(4)　特定事業所加算(A)　(1月につき +100単位)</td></tr>
<tr><td colspan="2">二　特定事業所医療介護連携加算　(1月につき　+125単位)</td></tr>
<tr><td rowspan="2">ホ　入院時情報連携加算</td><td>(1)　入院時情報連携加算(Ⅰ)
(1月につき　+200単位)</td></tr>
<tr><td>(2)　入院時情報連携加算(Ⅱ)
(1月につき　+100単位)</td></tr>
<tr><td rowspan="5">ヘ　退院・退所加算
(入院または入所期間中1回を限度に算定)</td><td>(1)　退院・退所加算(Ⅰ)イ　(+450単位)</td></tr>
<tr><td>(2)　退院・退所加算(Ⅰ)ロ　(+600単位)</td></tr>
<tr><td>(3)　退院・退所加算(Ⅱ)イ　(+600単位)</td></tr>
<tr><td>(4)　退院・退所加算(Ⅱ)ロ　(+750単位)</td></tr>
<tr><td>(5)　退院・退所加算(Ⅲ)　(+900単位)</td></tr>
<tr><td colspan="2">ト　通院時情報連携加算　(1月につき　+50単位)</td></tr>
<tr><td colspan="2">チ　緊急時等居宅カンファレンス加算
(1月に2回を限度に　+200単位)</td></tr>
<tr><td>リ　ターミナルケアマネジメント加算</td><td>死亡日及び死亡日前14日以内に2日以上在宅の訪問等を行った場合　(+400単位)</td></tr>
</table>

※　居宅介護支援費(Ⅰ)については、介護支援専門員1人当たりの取扱件数が40件以上である場合、40件以上60件未満の部分については(ii)を、60件以上の部分については(iii)を算定する。

※　居宅介護支援費(Ⅱ)については、一定の情報通信機器(人工知能関連技術を活用したものを含む。)の活用又は事務職員の配置を行っている場合に算定できる。なお、介護支援専門員1人当たりの取扱件数が45件以上である場合、45件以上60件未満の部分については(ii)を、60件以上の部分については(iii)を算定する。

※　令和3年9月30日までの間は、居宅介護支援費のイについて、所定単位数の千分の千一に相当する単位数を算定する。

他市町村への転居

月の途中で他の市町村へ転居した利用者分の居宅介護支援費は、どのように取り扱えばよいのでしょうか？

居宅介護支援事業所のケアマネジャーです。

担当している利用者が転居し、今月28日から近隣市（通常の事業の実施地域外）で生活する予定です。

新たな住所地でもスムーズに介護保険のサービスが活用できるよう、利用者と新しい住所地の居宅介護支援事業所と連絡調整をした結果、今月中は当事業所が担当し、来月から新しい事業所が居宅介護支援を提供することになりました。

今月分の居宅介護支援費の請求については、どのように取り扱えばよいのでしょうか？

考えてみよう！

以下から、最も適切なものを1つ選択してください。

1：転居前の市町村に請求する。

2：転居後の市町村に請求する。

3：両方の市町村のそれぞれに請求する。

3：両方の市町村のそれぞれに請求する。

根拠 算定基準の解釈通知第三の4（運営基準第13条第3号、解釈通知第二の3(8)③）

理解が深まる解説

1．月の途中の事業所交代の際の例外的な取扱い

月の途中で居宅介護支援事業所を交代した場合の居宅介護支援費については、月末時点で担当している居宅介護支援事業所だけが請求できます。

ただし、利用者が月の途中で他の市町村に転出する場合には、転出の前後のそれぞれの支給限度額は、それぞれの市町村で別々に管理することになります。

このため、算定基準の解釈通知第三の4において、転入日の前日までの給付管理票と転入日以降の給付管理票も別々に作成する必要があり、この場合、それぞれの給付管理票を同一の居宅介護支援事業者が作成した場合であっても、それぞれについて居宅介護支援費が算定できることが示されています（ポイントメモ参照）。

2．継続的かつ計画的な指定居宅サービス等の利用

また、月の途中で担当になった場合に、居宅介護支援費の算定と併せて留意したい内容として、運営基準第13条第3号があります。ここには、「介護支援専門員は、居宅サービス計画の作成に当たっては、利用者の自立した日常生活の支援を効果的に行うため、利用

者の心身又は家族の状況等に応じ、継続的かつ計画的に指定居宅サービス等の利用が行われるようにしなければならない」と示されています（ポイントメモ参照）。

すなわち、解釈通知第二の3(8)③にも示されているように、ケアマネジャーは、居宅サービス計画（ケアプラン）の作成または変更にあたって、区分支給限度基準額の枠があることのみをもって、偏って継続が困難な、また必要性に乏しい居宅サービスの利用を助長するようなことがあってはなりません（ポイントメモ参照）。

使えるから使うのではなく、利用者の望む暮らしの達成と介護給付費等の適正化の両面から、必要性を見極め、継続可能なケアプランの作成を行いましょう。

まとめ

・月の途中で他の市町村に転出する場合は、転出前後（両方）の市町村のそれぞれについて、1か月分の居宅介護支援費が算定できる

ポイントメモ　ーさらに理解を深めるためにー

算定基準の解釈通知　第三

1　月の途中で、利用者が死亡し、又は施設に入所した場合等

死亡、入所等の時点で居宅介護支援を行っており、かつ、当該月分の指定居宅介護支援等の事業の人員及び運営に関する基準（平成11年厚生省令第38号。以下「指定居宅介護支援等基準」という。）第14条第1項に規定する文書（給付管理票）を市町村（審査支払を国民健康保険団体連合会（以下「国保連合会」という。）に委託している場合は、国保連合会）に届け出ている事業者について、居宅介護支援費を算定する。

2　月の途中で、事業者の変更がある場合

利用者に対して**月末時点で居宅介護支援を行い給付管理票を国保連合会に提出する事業者について居宅介護支援費を算定する**趣旨であるため、月の途中で事業者の変更があった場合には、変更後の事業者についてのみ居宅介護支援費を算定するものとする（ただし、月の途中で他の市町村に転出する場合を除く。）。

3　月の途中で要介護度に変更があった場合

要介護1又は要介護2と、要介護3から要介護5までは居宅介護サービス計画費の単位数が異なることから、要介護度が要介護1又は要介護2から、要介護3から要介護5までに変更となった場合の取扱いは、月末における要介護度区分に応じた報酬を請求するものとする。

4　月の途中で、他の市町村に転出する場合

利用者が月の途中に他の市町村に転出する場合には、転出の前後のそれぞれの支給限度額は、それぞれの市町村で別々に管理することになることから、転入日の前日までの給付管理票と転入日以降の給付管理票も別々に作成すること。この場合、それぞれの給付管理票を同一の居宅介護支援事業者が作成した場合であっても、それぞれについて居宅介護支援費が算定されるものとする。

運営基準　第13条

☆三　介護支援専門員は、居宅サービス計画の作成に当たっては、利用者の自立した日常生活の支援を効果的に行うため、利用者の心身又は家族の状況等に応じ、**継続的かつ計画的に指定居宅サービス等の利用が行われるようにしなければならない。**

解釈通知　第二の3

⑻　指定居宅介護支援の基本取扱方針及び具体的取扱方針

③　継続的かつ計画的な指定居宅サービス等の利用（第3号）

利用者の自立した日常生活の支援を効果的に行うためには、利用者の心身又は家族の状態等に応じて、継続的かつ計画的に居宅サービスが提供されることが重要である。介護支援専門員は、居宅サービス計画の作成又は変更に当たり、継続的な支援という観点に立ち、計画的に指定居宅サービス等の提供が行われるようにすることが必要であり、**支給限度額の枠があることのみをもって、特定の時期に偏って継続が困難な、また必要性に乏しい居宅サービスの利用を助長するようなことがあってはならない。**

看取り期におけるサービス利用前の相談・調整等について、居宅介護支援費の算定は可能でしょうか？

主治医から医学的知見に基づき回復の見込みがないと診断を受けている利用者（80代後半、要介護2）が、退院することになりました。

最期は家で過ごしたいという強い思いから退院を決断した利用者を支えるため、ケアマネジャーは、入院中から医療機関と何度も連絡調整を繰り返し、ケアプランを作成しました。

しかし、利用者は退院の翌日に、介護保険サービスを利用する前にお亡くなりになりました。

サービスの利用実績がないため、給付管理票は作成できませんが、居宅介護支援費の算定は可能でしょうか？

考えてみよう！

以下のうち、いずれか1つを選択してください。

1：原則として算定可能。

2：原則として算定はできない。

1：原則として算定可能。

算定基準の解釈通知第三の5

理解が深まる解説

1．看取り期における適切な居宅介護支援の提供

居宅介護支援費を請求するためには給付管理票の作成が必要です。このため、サービス利用票の作成が行われなかった月およびサービス利用票を作成した月においても利用実績のない月については、給付管理票を作成できないため、居宅介護支援費は請求できないことが原則です。

しかし、2021（令和3）年度介護報酬改定にて、看取り期における適切な居宅介護支援の提供や医療と介護の連携を推進するために新たな考え方（算定のルール）が示されました。

具体的には、病院もしくは診療所または地域密着型介護老人福祉施設もしくは介護保険施設（以下、「病院等」）から退院または退所する終末期の利用者について、必要なケアマネジメントを行った場合で、利用者の死亡によりサービス利用に至らなかった（給付管理が発生していない）場合にも、居宅介護支援の基本報酬の算定が可能です（次ページ図参照）。

■看取り期におけるサービス利用前の相談·調整等に係る評価

退院・退所 → 状態変化 → 死亡

令和3年度から変わった部分

退院・退所	状態変化	死亡
退院に向けて利用者の状態変化のタイミングに合わせて、アセスメントやサービス担当者会議等の必要なケアマネジメント業務を行い、ケアプランを作成	利用者・家族からの相談、調整や、サービス事業者等の調整、ケアプランの変更等	サービス利用の実績がない場合であっても、居宅介護支援費算定可

出典：第199回社会保障審議会介護給付費分科会資料をもとに作成

2．「終末期の利用者」の考え方

ここでいう「終末期の利用者」とは、「医師が一般に認められている医学的知見に基づき回復の見込みがないと診断した利用者」です。ターミナルケアマネジメント加算の算定要件等（末期の悪性腫瘍）とは異なりますので、注意が必要です。

3．適切なケアマネジメントと必要書類の整備

算定の際に満たす要件は以下のとおりです。

・モニタリング等の必要なケアマネジメント業務を行い、給付管理票の（原案の）作成など、請求にあたって必要な書類の整備を行っていること
・居宅介護支援費を算定した旨を適切に説明できるよう、個々のケアプラン等において記録を残しつつ、居宅介護支援事業所において、それらの書類等を管理しておくこと

医療連携に努めながら利用者をケアマネジメントした経過や経緯が、第三者から見ても納得できるよう、適切な取扱いを心がけましょう。

・病院等から退院または退所する終末期の利用者については、当該利用者に対してモニタリング等の必要なケアマネジメントを行い、給付管理票の作成など、請求にあたって必要な書類の整備を行っている場合は、居宅介護支援費を請求することができる

ポイントメモ　ーさらに理解を深めるためにー

算定基準の解釈通知　第三

5　サービス利用票を作成した月において利用実績のない場合

サービス利用票の作成が行われなかった月及びサービス利用票を作成した月においても利用実績のない月については、給付管理票を作成できないため、居宅介護支援費は請求できない。**ただし、病院若しくは診療所又は地域密着型介護老人福祉施設若しくは介護保険施設（以下「病院等」という。）から退院又は退所する者等であって、医師が一般に認められている医学的知見に基づき回復の見込みがないと診断した利用者については、当該利用者に対してモニタリング等の必要なケアマネジメントを行い、給付管理票の作成など、請求にあたって必要な書類の整備を行っている場合は請求することができる。なお、その際は居宅介護支援費を算定した旨を適切に説明できるよう、個々のケアプラン等において記録を残しつつ、居宅介護支援事業所において、それらの書類等を管理しておくこと。**

ICTと事務職員の併用で居宅介護支援費(II)の算定は可能でしょうか？

一定の情報通信機器（人工知能関連技術を含む。以下、「ICT」）の活用または事務職員の配置を行っている事業所が算定できる、居宅介護支援費(II)が新設されました。

当事業所は、半数の職員（常勤3人）には情報通信機器（タブレット）を支給し、残り半数の職員（常勤3人）分の時間で事務職員を配置（8時間勤務で9日間）し、合わせ技（併用）で要件を満たしたいと思っています。

ICTの活用と事務職員の配置の併用で要件を満たす場合にも、居宅介護支援費(II)の算定は可能でしょうか？

中山間地域の特例に該当しない場合で教えてください。

考えてみよう！

ICTの活用と事務職員の配置の併用で要件を満たす場合に、居宅介護支援費(II)の算定は可能でしょうか？　以下から、最も適切なものを1つ選択してください。

1：原則として算定可能。

2：原則として算定はできない。

3：保険者の判断による。

最も適切なものは…

2：原則として算定はできない。

根拠 算定基準別表イ注1・注2、算定基準の解釈通知第三の7

1．適切なケアマネジメントの提供と経営の安定化の両立

2021（令和3）年度の介護報酬改定において、適切なケアマネジメントの実施を確保しつつ経営の安定化を図る観点から、逓減制の見直しがなされました。

具体的には、一定のICTの活用または事務職員の配置を行っている事業所については居宅介護支援費(Ⅱ)を算定し、居宅介護支援費(Ⅰ)ではケアマネジャー1人当たりの取扱件数が40件以上で適用される逓減制について、45件以上の部分からとする見直しが行われました。

ただし、居宅介護支援費(Ⅱ)を選択する場合には、この取扱いを行う場合の逓減率（居宅介護支援費(ⅱ)および(ⅲ)の単位数）について、メリハリをつけた設定とされている点（居宅介護支援費(Ⅰ)よりも、居宅介護支援費(ⅱ)と(ⅲ)の逓減率が高いため、算定単位数が少なくなる）に注意が必要です。

2．ICTの活用または事務職員の配置

ICTの活用等により、ケアマネジャー常勤換算1人当たりの取扱件数を45件未満まで引き上げることについては、算定基準別表イ注2において、次のように示されています。

情報通信機器（人工知能関連技術を活用したものを含む。）の活用**又は**事務職員の配置を行っている指定居宅介護支援事業者が、利用者に対して指定居宅介護支援を行い、かつ、月の末日において基準第14条第1項の規定により、同項に規定する文書を提出している場合について、次に掲げる区分に応じ、それぞれ所定単位数を算定することができる。

つまり、ICTの活用と事務職員の配置については、「又は」で接続されているため、いずれかを満たすことが要件となることがわかります。

このため、本問の事業所のようなICTの活用と事務職員の配置のいずれも満たせていない場合には、算定はできません。

3．中山間地域の特例が追加

従前よりケアマネジャー1人当たりの取扱件数の計算に当たっては、事業所が自然災害や感染症等による突発的な対応で利用者を受け入れた場合は、例外的に件数に含めないこととされていました。

2021（令和3）年度の介護報酬改定においては、ICT等の活用の有無にかかわらず、地域の実情を踏まえ、事業所がその周辺の中山間地域等の事業所の存在状況からやむを得ず利用者を受け入れた場合についても例外的に件数に含めない見直しが行われました。

当該加算が創設されたねらいは、収益確保よりも、この収益をもとにしたケアマネジャーの待遇改善と業務の効率化への投資の促進だといわれています。

適切なケアマネジメントを提供しつつ、経営を安定させるためには、それぞれの事業所としてどのような対応が望ましいかについて、法人と相談をしながら対応しましょう。

・事業所の安定経営と質の高いケアマネジメントの提供の両立が求められている

・算定に当たり、ICTの活用と事務職員の配置のいずれかを選択する際には、事業所にとって、より適切な経営につながる手段を優先したい

・中山間地域の特例的な取扱いが明記された

ポイントメモ　―さらに理解を深めるために―

算定基準の解釈通知　第三の7

(2)　情報通信機器（人工知能関連技術を含む）の活用

情報通信機器（人工知能関連技術を含む）については、当該事業所の介護支援専門員が行う指定居宅介護支援等基準第13条に掲げる一連の業務等の負担軽減や効率化に資するものとするが、具体的には、例えば、

・　当該事業所内外や利用者の情報を共有できるチャット機能のアプリケーションを備えたスマートフォン

・　訪問記録を随時記載できる機能（音声入力も可）のソフトウエアを組み込んだタブレット

等とする。

この際、個人情報保護委員会・厚生労働省「医療・介護関係事業者における個人情報の適切な取扱いのためのガイダンス」、厚生労働省「医療情報システムの安全管理に関するガイドライン」等を遵守すること。

(3)　事務職員の配置

事務職員については、当該事業所の介護支援専門員が行う指定居宅介護支援等基準第13条に掲げる一連の業務等の負担軽減や効率化に資する職員とするが、その勤務形態は常勤の者でなくても差し支えない。なお、当該事業所内の配置に限らず、同一法人内の配置でも認められるが、常勤換算で介護支援専門員1人あたり、1月24時間以上の勤務を必要とする。

初回加算は、運営基準減算に該当する利用者からは算定できないのでしょうか？

先日の実地指導で、「この利用者は運営基準減算として報酬請求されています。初回加算についても報酬を返還してください」と指示されました。

モニタリングの要件を満たしていないため、自主的に運営基準減算で算定しましたが、新規の利用者を担当して、課題分析やサービス担当者会議、ケアプランの作成などの流れは適切に実施しました。このケアマネジメントの手間を評価する初回加算についても返還しろという市の考え方は横暴だと思うのですが……。

考えてみよう！

以下のうち、いずれか1つを選択してください。

1：初回加算は、運営基準減算に該当する利用者からは算定できない。

2：運営基準減算に該当する利用者であっても、初回加算を算定できる。

最も適切なものは…

1：初回加算は、運営基準減算に該当する利用者からは算定できない。

根拠 算定基準別表ロ・へ、利用者等告示第56号、算定基準の解釈通知第三の9

1．初回加算の変遷と算定要件

初回加算は、「新規」に利用者を担当する際に発生する“ケアマネジメントの手間”を評価する加算です。

具体的には、次の場合に算定が可能です。

1．指定居宅介護支援事業所において、新規に居宅サービス計画を作成する利用者に対して、指定居宅介護支援を行った場合
2．要支援者が要介護認定を受けた場合
3．要介護状態区分が2区分以上変更された場合

併せて、1の新規のなかには、事業所で給付管理を2か月以上担当していない場合も含まれ、初回加算の算定が可能です（平成21年4月改定関係Q&A：ポイントメモ参照）。加算の算定漏れを起こさないよう注意しましょう。

2．初回加算を算定できない2つの場合

初回加算は、2006（平成18）年4月から算定できるようになった加算です。初回加算が、退院・退所加算と同時には算定できないことは有名ですが、運営基準減算に該当する場合にも算定できないというルールを失念しているケアマネジャーも見かけますので注意

しましょう。

初回加算は、算定基準別表ロにおいて、「指定居宅介護支援事業所において、新規に居宅サービス計画を作成する利用者に対して、指定居宅介護支援を行った場合その他の別に厚生労働大臣が定める基準に適合する場合は、1月につき所定単位数を加算する。ただし、イの注3に規定する別に厚生労働大臣が定める基準に該当する場合は、当該加算は、算定しない」と規定されています。

ここでいう「イの注3に規定する別に厚生労働大臣が定める基準に該当する場合」とは、運営基準減算が適用された場合を指しています。つまり、運営基準減算に該当する場合には、初回加算の算定はできません。

まとめ

1．初回加算を算定できる場合

以下の①～③に該当する利用者にケアプランを作成する場合

①新規（2か月以上給付管理をしていない場合を含む）

②要支援者が要介護認定を受けた場合

③要介護状態区分が2区分以上変更された場合

2．初回加算を算定できない場合

①運営基準減算が適用される場合

②退院・退所加算と同時の算定

ポイントメモ　ーさらに理解を深めるためにー

算定基準　別表

イ　居宅介護支援費（1月につき）

（略）

注3　別に厚生労働大臣が定める基準に該当する場合には、運営基準減算として、所定単位数の100分の50に相当する単位数を算定する。また、運営基準減算が2月以上継続している場合は、所定単位数は算定しない。

ロ　初回加算　300単位

注　指定居宅介護支援事業所において、新規に居宅サービス計画（略）を作成する利用者に対して、指定居宅介護支援を行った場合その他の別に厚生労働大臣が定める基準に適合する場合は、1月につき所定単位数を加算する。**ただし、イの注3に規定する別に厚生労働大臣が定める基準に該当する場合は、当該加算は、算定しない。**

ヘ　退院・退所加算

注　（略）また、**初回加算を算定する場合は、当該加算は算定しない。**

（略）

平成21年4月改定関係Q&A（Vol.1）（平成21年3月23日）

【居宅介護支援】

問62　初回加算において、新規に居宅サービス計画を作成する場合の「新規」の考え方について示されたい。

（答）

契約の有無に関わらず、当該利用者について、過去二月以上、当該居宅介護支援事業所において居宅介護支援を提供しておらず、居宅介護支援が算定されていない場合に、当該利用者に対して居宅サービス計画を作成した場合を指す。なお、介護予防支援における初回加算についても、同様の扱いとする。

多様な主体からのサービスがケアプランに位置づけられていなくても、加算算定は可能でしょうか?

特定事業所加算を算定している居宅介護支援事業所の管理者です。

2021（令和3）年度介護報酬改定で当該加算に追加された「多様な主体からのサービス提供をケアプランに位置づけること」に頭を抱えています。

先日、事業所のケアプランすべてを調べたところ、多様な主体からのサービスは1件しか位置づけがなく、また、その1件も今月で終了する事例でした。

事業所のケアプランに多様な主体からのサービスが1件も位置づけられていない場合でも、特定事業所加算の算定は可能なのでしょうか？

考えてみよう！

以下のうち、いずれか1つを選択してください。

1：原則として算定できる。

2：原則として算定はできない。

最も適切なものは…

1：原則として算定できる。

根拠 算定基準別表ハ、定める基準第84号、算定基準の解釈通知第三の11（運営基準第13条第4号）

1．特定事業所加算の趣旨と基本方針

特定事業所加算は、次のような事業所を評価することにより、地域における居宅介護支援事業所のケアマネジメントの質の向上に資することを目的としています（算定基準の解釈通知第三の11(1)）。

① 中重度者や支援困難ケースへの積極的な対応を行う ② 専門性の高い人材を確保し、質の高いケアマネジメントを実施している

このため、特定事業所加算を算定する事業所は、基本的取扱方針を十分に踏まえ、趣旨に合致した適切な運用を図れるよう留意しなければなりません（同通知第三の11(2)）。

① 公正中立性を確保し、サービス提供主体からも実質的に独立した事業所であること ② 常勤かつ専従の主任介護支援専門員及び介護支援専門員が配置され、どのような支援困難ケースでも適切に処理できる体制が整備されている、いわばモデル的な居宅介護支援事業所であること

2．多様な主体等が提供する生活支援サービス

2021（令和3）年度の介護報酬改定においては、特定事業所加算に関しても大きく3つの改定が行われました。

① 小規模事業所が事業所間連携により質の高いケアマネジメントを実現していくよう、事業所間連携により体制確保や対応等を行う事業所を評価するような区分（特定事業所加算(A)）を創設すること ② 従前の特定事業所加算(Ⅳ)については、加算(Ⅰ)から(Ⅲ)までと異なり、病院との連携や看取りへの対応の状況を要件とするものであることを踏まえ、医療と介護の連携を推進する観点から、特定事業所加算から切り離した別個の加算とすること ③ 必要に応じて、多様な主体等が提供する生活支援のサービスが包括的に提供されるようなケアプランを作成していることを要件として求めること

このうち、多様な主体等により提供される生活支援サービスとは、利用者の日常生活全般を支援するサービスという意味のため、運営基準第13条第4号およびその解釈通知第二の3(8)④に示されているような、介護給付等対象サービス以外の保健医療サービスまたは福祉サービス、当該地域の住民による自発的な活動によるサービス等のことを指しています（算定基準の解釈通知第三の11(3)⑫）。

■介護給付等対象サービス以外のサービスの例

市町村保健師等が居宅を訪問して行う指導等の保健サービス、老人介護支援センターにおける相談援助、配食サービス、寝具乾燥サービス、当該地域の住民による見守り、配食、会食などの自発的な活動によるサービス等、精神科訪問看護等の医療サービス、はり師・きゅう師による施術、保健師・看護師・柔道整復師・あん摩マッサージ指圧師による機能訓練など

つまり、従前よりケアマネジャーに付されていた努力義務（介護給付の対象となるサービスではなく、利用者の生活全般を支えるサービスも含めて調整し、ケアプランに位置づけるよう努めること）が、2021（令和3）年度の介護報酬改定において、当該加算の算定要件として加わったのです。

3．ケアプランに位置づける割合

具体的に、多様な主体からのサービスをケアプランに位置づける際には、どの程度の割合が求められるのか？　すべてのケアプランで1件も位置づけられなかった場合には、算定できないのか？　という質問については、Q&Aが発出されています（「令和3年度介護報酬改定に関するQ&A（Vol.3）（令和3年3月26日）」）。

> 問113　特定事業所加算(Ⅰ)、(Ⅱ)、(Ⅲ)及び(A)において新たに要件とされた、「必要に応じて、多様な主体により提供される利用者の日常生活全般を支援するサービスが包括的に提供されるような居宅サービス計画を作成していること」については、必要性を検討した結果、多様な主体により提供される利用者の日常生活全般を支援するサービスを位置付けたケアプランが事業所の全てのケアプランのうち1件もない場合についても算定できるのか。
>
> （答）
>
> 算定できる。なお、検討の結果位置付けなかった場合、当該理由を説明できるようにしておくこと。

すなわち、当該加算は、多様な主体から提供されるサービスの利用を検討することが算定の根拠であり、多様な主体から提供されるサービスを利用したか否かの結果は問わないということです。

利用した場合には、ケアプランがその証拠となりますが、利用しなかった（できなかった）場合には、ケアマネジャーはその理由や検討の結果を残すことを忘れないように注意しましょう。

・特定事業所加算算定事業所には、地域におけるケアマネジメントの質の向上に資することが求められている

・多様な主体からのサービス提供をケアプランに位置づけるための検討の際には、その検討の経緯や結果を残そう

ポイントメモ ―さらに理解を深めるために―

■特定事業所の種類による算定要件
定める基準(第84号)

算定要件		特定事業所加算			
		(I) 505 単位	(II) 407 単位	(III) 309 単位	(A) 100 単位
(1)	専ら指定居宅介護支援の提供に当たる常勤の主任介護支援専門員を配置していること	2名以上	1名以上	1名以上	1名以上
(2)	専ら指定居宅介護支援の提供に当たる常勤の介護支援専門員を配置していること	3名以上	3名以上	2名以上	常勤:1名以上 非常勤:1名以上 (非常勤は他事業所との兼務可)
(3)	利用者に関する情報又はサービス提供に当たっての留意事項に係る伝達等を目的とした会議を定期的に開催すること	○	○	○	○
(4)	24時間連絡体制を確保し、かつ、必要に応じて利用者等の相談に対応する体制を確保していること	○	○	○	○ 連携でも可
(5)	算定日が属する月の利用者の総数のうち、要介護状態区分が要介護3、要介護4又は要介護5である者の占める割合が100分の40以上であること	○	×	×	×

(6)	当該指定居宅介護支援事業所における介護支援専門員に対し、計画的に研修を実施していること	○	○	○	○ 連携でも可
(7)	地域包括支援センターから支援が困難な事例を紹介された場合においても、当該支援が困難な事例に係る者に指定居宅介護支援を提供していること	○	○	○	○
(8)	地域包括支援センター等が実施する事例検討会等に参加していること	○	○	○	○
(9)	居宅介護支援費に係る運営基準減算又は特定事業所集中減算の適用を受けていないこと	○	○	○	○
(10)	指定居宅介護支援事業所において指定居宅介護支援の提供を受ける利用者数が当該指定居宅介護支援事業所の介護支援専門員1人当たり40名未満（居宅介護支援費(II)を算定している場合は45名未満）であること	○	○	○	○
(11)	介護支援専門員実務研修における科目「ケアマネジメントの基礎技術に関する実習」等に協力又は協力体制を確保していること（平成28年度の介護支援専門員実務研修受講試験の合格発表の日から適用）	○	○	○	○ 連携でも可
(12)	他の法人が運営する指定居宅介護支援事業者と共同で事例検討会、研修会等を実施していること	○	○	○	○ 連携でも可
(13)	必要に応じて、多様な主体等が提供する生活支援のサービス（インフォーマルサービス含む）が包括的に提供されるような居宅サービス計画を作成していること	○	○	○	○

注：○が適合しなければならない内容。

? 定期的な議事録の記載はどのようにすればよいのでしょうか？

特定事業所加算を算定している事業所に義務づけられている定期的な会議を、おおむね1週間に1回以上開催しています。

事業所のケアマネジャーで担当を決め、月ごとの担当制（もち回り）で会議を開催し、記録を作成しているのですが、ケアマネジャーによって記録の方法が異なっていることが先日わかりました。

具体的には1か月分まとめて記録する者と、1回ごとに記録する者に分かれていました。

この議事録の記載はどのようにまとめればよいでしょうか？

考えてみよう！

以下から、最も適切なものを1つ選択してください。

1：原則として会議ごと（1回ごと）の記録が必要。

2：何回分かをまとめて記録して構わない。

3：開催は必要だが、記録の義務はない。

最も適切なものは…

1：原則として会議ごと（1回ごと）の記録が必要。

根拠 算定基準別表ハ、定める基準第84号、算定基準の解釈通知第三の11

1．「利用者の情報やサービス提供上の留意事項などの伝達等を目的とした会議」の開催

特定事業所加算を算定する場合には、「利用者の情報やサービス提供上の留意事項などの伝達等を目的とした会議（以下、「定期的な会議」）」の開催が算定要件です。

そもそも「会議」とは、「一堂に会して議論する」という意味ですから、情報伝達だけの短時間の事務的な連絡や、文書の回覧のみをもって、「会議」とは呼びません。つまり、定期的な会議においてもしっかりと議論することが求められるのです。

当該加算の趣旨や目的、算定要件の詳細については、前節を参照してください。

2．定期的な会議において満たすべき内容

また、算定基準の解釈通知第三の11⑶③において、定期的な会議は、次の表の内容を満たしている必要があることが示されています。

■定期的な会議において満たすべき内容

ア　議題については、少なくとも次のような議事を含めること。
　(1)　現に抱える処遇困難ケースについての具体的な処遇方針
　(2)　過去に取り扱ったケースについての問題点及びその改善方策
　(3)　地域における事業者や活用できる社会資源の状況
　(4)　保健医療及び福祉に関する諸制度
　(5)　ケアマネジメントに関する技術
　(6)　利用者からの苦情があった場合は、その内容及び改善方針
　(7)　その他必要な事項
イ　議事については、記録を作成し、2年間保存しなければならないこと。
ウ　「定期的」とは、おおむね週1回以上であること。
　また、会議は、テレビ電話装置等を活用して行うことができるものとする。この際、個人情報保護委員会・厚生労働省「医療・介護関係事業者における個人情報の適切な取扱いのためのガイダンス」、厚生労働省「医療情報システムの安全管理に関するガイドライン」等を遵守すること。

2年間の保存が義務づけられていることからも、保存に耐えうる紙に1回ごとに記録するようにしたほうがよいでしょう。

まとめ

・定期的な会議については、必要な内容を満たした記録を残し、2年間の保存に耐えうる紙に1回ごとに記録する

ポイントメモ　ーさらに理解を深めるためにー

■議事録の例

議事録

（議事録の作成者を明確にします）

作成日：　　年　月　日

作成者：

（会議出席者を明確にします）（ひな型に定型文で入れておきます）

会議の名称：　事業所内会議
（利用者に関する情報又はサービス提供に当たっての留意事項に係る伝達等を目的とした会議）

開催日時	令和　年　月　日（　）開催　：　～閉会　：
開催場所	1. ○○居宅介護支援事業所　2. その他（　　）
出席者氏名	
議事内容 （該当項目に○）	(1) 現に抱える処遇困難ケースについての具体的な処遇方針 (2) 過去に取り扱ったケースについての問題点及びその改善方策 (3) 地域における事業者や活用できる社会資源の状況 (4) 保健医療及び福祉に関する諸制度 (5) ケアマネジメントに関する技術 (6) 利用者からの苦情があった場合は、その内容及び改善方針 (7) その他必要な事項

（満たすべき内容を入れておき、○を付けるだけとします）

検討内容

検討結果

（出席者、欠席者ともに確認し押印）

確認印	管理者					

（著者作成）

入院時情報連携加算算定時には、居宅介護支援経過に何を残すのでしょうか？

入院時情報連携加算を算定する際の居宅介護支援経過の記載です。

入院時情報提供書（以下、「提供書」）を適切に記載のうえ、情報提供の際に活用し、居宅介護支援経過（以下、「支援経過」）と併せて保存しています。

この支援経過の記載で算定は可能でしょうか？

年　月　日	項　　目	内　　容
20××年 ○月□日（水） 10：00～10：40 （入院から3日目）	目的：本人の状況の確認と情報提供 A病院へ訪問 地域連携室の看護師と面談	看護師に本人の状況を確認のうえ、提供書（別紙）にて、必要な情報を提供する。 退院が近づいた場合や必要時等には、連絡をいただくよう依頼する。　（署名）

考えてみよう！

入院時情報連携加算算定時の記録として、以下のうち、いずれか1つを選択してください。

1：適切な記載である。

2：不十分な記載である。

1：適切な記載である。

根拠 算定基準別表ホ、定める基準第85号、算定基準の解釈通知第三の13

1．入院時情報連携加算の概要と算定要件

入院時情報連携加算は、利用者が入院した際にも、必要で適切な支援を継ぎ目なく行うことが可能となるよう、連絡調整等を行う手間を評価する加算です。

具体的な算定に当たっては、利用者の入院に際し、当該病院または診療所の職員に対して、当該利用者に関する必要な情報を3日以内に提供した場合には200単位、4日以上7日以内に提供した場合には100単位を、利用者1人につき1か月に1回を限度として加算します（情報提供の手段は問われません）。

■必要な情報（算定基準の解釈通知第三の13(1)）

- 当該利用者の入院日
- 心身の状況（例えば、疾患・病歴、認知症の有無や徘徊等の行動の有無など）
- 生活環境（例えば、家族構成、生活歴、介護者の介護方法や家族介護者の状況など）
- サービスの利用状況

なお、当該加算算定時の情報連携においては、提供書（標準様式）が示されています。提供書（標準様式）は、必ず使用するよう義務づけられているわけではありません。しかし、多岐にわたる情報を漏らさずに記録するためには、標準様式を使いこなしたほうが効率的でしょう。

2．加算算定時の留意点

また、算定基準の解釈通知第三の13⑴において、当該加算を算定する際には、次の内容を居宅サービス計画等に記録することが示されています。

①情報提供を行った日時 ②提供場所（医療機関へ出向いた場合） ③内容 ④提供手段（面談、FAX等）

加算算定に当たり、記録すべき情報が満たせているか、提供書と支援経過の両方を見比べながら、再度確認をしましょう。

ちなみに、標準様式として示された提供書には、提供時間欄や提供手段欄はありません。加算算定のときだけ支援経過に、「提供時間」や「提供手段（特に面談）」などを記載していると、記載漏れや記録の不備が発生しやすくなります。うっかりミス（記載漏れ）を防ぐためにも、支援経過には提供時間や提供手段も日頃から記載するよう、事業所内でのルールづくりを徹底しましょう。

記入日：　年　月　日
入院日：　年　月　日
情報提供日：　年　月　日

入院時情報提供書

医療機関 ⬅ 居宅介護支援事業所

医療機関名：
ご担当者名：

事業所名：
ケアマネジャー氏名：
TEL：　FAX：

利用者（患者）／家族の同意に基づき、利用者情報（身体・生活機能など）の情報を送付します。是非ご活用ください。

1. 利用者（患者）基本情報について

患者氏名	（フリガナ）	年齢	歳	性別	男　女
		生年月日	明・大・昭　年　月　日生		
住所	〒	電話番号			
住環境 ※可能ならば、「写真」などを添付	住居の種類（戸建て・集合住宅）．＿＿階建て．　居室＿＿階．　エレベーター（有・無）				
	特記事項（　）				
入院時の要介護度	□要支援（　）□要介護（　）有効期間：　年　月　日 ～　年　月　日 □申請中（申請日　／　）□区分変更（申請日　／　）□未申請				
障害高齢者の日常生活自立度	□自立　□J1　□J2　□A1　□A2　□B1　□B2　□C1　□C2			□医師の判断	
認知症高齢者の日常生活自立度	□自立　□Ⅰ　□Ⅱa　□Ⅱb　□Ⅲa　□Ⅲb　□Ⅳ　□M			□ケアマネジャーの判断	
介護保険の自己負担割合	□＿＿割　□不明	障害など認定	□なし　□あり（　身体・精神・知的　）		
年金などの種類	□国民年金　□厚生年金　□障害年金　□生活保護　□その他（　）				

2. 家族構成／連絡先について

世帯構成	□独居　□高齢者世帯　□子と同居　□その他（　） ＊□日中独居				
主介護者氏名	（続柄　・　歳）	（同居・別居）		TEL	
キーパーソン	（続柄　・　歳）	連絡先	TEL：	TEL	

3. 本人／家族の意向について

本人の趣味・興味・関心領域等	
本人の生活歴	
入院前の本人の生活に対する意向	□同封の居宅サービス計画(1)参照
入院前の家族の生活に対する意向	□同封の居宅サービス計画(1)参照

4. 入院前の介護サービスの利用状況について

入院前の介護サービスの利用状況	同封の書類をご確認ください。 □居宅サービス計画書1．2．3表　□その他（　）

5. 今後の在宅生活の展望について（ケアマネジャーとしての意見）

在宅生活に必要な要件	
退院後の世帯状況	□独居　□高齢世帯　□子と同居（家族構成員数　名）＊□日中独居 □その他（　）
世帯に対する配慮	□不要 □必要（　）
退院後の主介護者	□本シート2に同じ　□左記以外（氏名　続柄　・年齢　）
介護力*	□介護力が見込める（□十分　・　□一部）□介護力は見込めない　□家族や支援者はいない
家族や同居者等による虐待の疑い*	□なし □あり（　）
特記事項	

6. カンファレンス等について（ケアマネジャーからの希望）

「院内の多職種カンファレンス」への参加	□希望あり	
「退院前カンファレンス」への参加	□希望あり	・具体的な要望（　）
「退院前訪問指導」を実施する場合の同行	□希望あり	

*＝診療報酬 退院支援加算1．2「退院困難な患者の要因」に関連

7. 身体・生活機能の状況／療養生活上の課題について

麻痺の状況		なし	軽度	中度	重度	褥瘡の有無	□なし □あり（ ）		
ADL	移 動	自立	見守り	一部介助	全介助	移動（室内）	□杖 □歩行器 □車いす □その他		
	移 乗	自立	見守り	一部介助	全介助	移動（屋外）	□杖 □歩行器 □車いす □その他		
	更 衣	自立	見守り	一部介助	全介助	起居動作	自立	見守り	一部介助 全介助
	整 容	自立	見守り	一部介助	全介助				
	入 浴	自立	見守り	一部介助	全介助				
	食 事	自立	見守り	一部介助	全介助				
食事内容	食事回数	（ ）回／日（朝____時頃 ・昼____時頃 ・夜____時頃）				食事制限	□あり（ ） □なし □不明		
	食事形態	□普通 □きざみ □嚥下障害食 □ミキサー				UDF等の食形態区分			
	摂取方法	□経口 □経管栄養		水分とろみ	□なし □あり	水分制限	□あり（ ） □なし □不明		
口腔	嚥下機能	むせない	時々むせる	常にむせる		義歯	□なし □あり（部分・総）		
	口腔清潔	良	不良	著しく不良		口臭	□なし □あり		
排泄*	排尿	自立	見守り	一部介助	全介助	ポータブルトイレ	□なし □夜間 □常時		
	排便	自立	見守り	一部介助	全介助	オムツ／パッド	□なし □夜間 □常時		
睡眠の状態		良	不良（ ）		眠剤の使用	□なし □あり			
喫煙		無	有 ____本くらい／日		飲酒	無	有 ____合くらい／日あたり		
コミュニケーション能力	視力	問題なし	やや難あり	困難	眼鏡	□なし □あり（ ）			
	聴力	問題なし	やや難あり	困難	補聴器	□なし □あり			
	言語	問題なし	やや難あり	困難	コミュニケーションに関する特記事項：				
	意思疎通	問題なし	やや難あり	困難					
精神面における療養上の問題		□なし □幻視・幻聴 □興奮 □焦燥・不穏 □妄想 □暴力／攻撃性 □介護への抵抗 □不眠 □昼夜逆転 □徘徊 □危険行為 □不潔行為 □その他（ ）							
疾患歴*		□なし □悪性腫瘍 □認知症 □急性呼吸器感染症 □脳血管障害 □骨折 □その他（ ）							
入院歴*	最近半年間での入院	□なし □あり（理由： 期間： 年 月 日 ～ 年 月 日） □不明							
	入院頻度	□頻度は高い／繰り返している □頻度は低いが、これまでにもある □今回が初めて							
入院前に実施している医療処置*		□なし □点滴 □酸素療法 □喀痰吸引 □気管切開 □胃ろう □経鼻栄養 □経腸栄養 □褥瘡 □尿道カテーテル □尿路ストーマ □消化管ストーマ □痛みコントロール □排便コントロール □自己注射（ ）□その他（ ）							

8. お薬について　※必要に応じて、「お薬手帳（コピー）」を添付

内服薬	□なし □あり（ ）	居宅療養管理指導	□なし □あり （職種： ）
薬剤管理	□自己管理 □他者による管理（・管理者： ・管理方法： ）		
服薬状況	□処方通り服用 □時々飲み忘れ □飲み忘れが多い、処方が守られていない □服薬拒否		
お薬に関する、特記事項			

9. かかりつけ医について

かかりつけ医機関名		電話番号	
医師名	（フリガナ）	診察方法・頻度	□通院 □訪問診療 ・頻度＝（ ）回 ／ 月

*＝診療報酬 退院支援加算1．2「退院困難な患者の要因」に関連

入院時情報連携加算を算定する際は、以下の内容を居宅サービス計画等に記録する

- 情報提供を行った日時（入院してから3日以内、もしくは4日以上7日以内に情報提供をしたことがわかる）
- 情報を提供した場所（医療機関へ出向いた場合）
- 内容（必要な情報：①当該利用者の心身の状況、②生活環境、③サービスの利用状況）
- 提供手段（面談、FAX等）

ポイントメモ　―さらに理解を深めるために―

算定基準の解釈通知　第三

13　入院時情報連携加算について

(1)　総論

「必要な情報」とは、具体的には、当該利用者の**入院日、心身の状況**（例えば疾患・病歴、認知症の有無や徘徊等の行動の有無など）、**生活環境**（例えば、家族構成、生活歴、介護者の介護方法や家族介護者の状況など）及び**サービスの利用状況**をいう。当該加算については、利用者1人につき、1月に1回を限度として算定することとする。

また、**情報提供を行った日時、場所**（医療機関へ出向いた場合）、**内容、提供手段**（面談、FAX等）等について居宅サービス計画等に記録すること。なお、情報提供の方法としては、居宅サービス計画等の活用が考えられる。

(2)　入院時情報連携加算(I)

利用者が入院してから3日以内に、医療機関の職員に対して必要な情報を提供した場合に所定単位数を算定する。

(3)　入院時情報連携加算(II)

利用者が入院してから4日以上7日以内に、医療機関の職員に対して必要な情報を提供した場合に所定単位数を算定する。

自宅で職員との面談をした場合も、退院・退所加算の算定は可能でしょうか？

入院中の利用者を新規に担当し、病院の理学療法士が行う退院前の自宅の環境アセスメントに、約束のうえ、同席し、退院・退所加算の算定に必要な情報についても、理学療法士から提供を受けました。

その後、利用者は退院し、ケアプランの作成とそれに伴うサービスの調整を行いました（併せて、退院・退所加算の算定に必要な書類作成もしています）。

利用者の自宅など、医療機関以外で面接をした場合にも、職員との面談で退院・退所加算の算定は可能ですか？

考えてみよう！

以下から、最も適切なものを１つ選択してください。

1：算定できる。

2：算定できない。

3：保険者により異なる。

1：算定できる。

根拠 算定基準別表ヘ、算定基準の解釈通知第三の14

1．退院・退所加算の算定要件

退院・退所加算は、退院により主に担当する機関等が変わった場合でも、利用者への支援をシームレスに（継ぎ目なく）提供するために有効な加算です。

また、当該加算は、連携の回数と利用者に関する情報提供の方法（面談かカンファレンス参加か）により、算定単位数が異なります。

■退院・退所加算の算定単位数

連携回数	面談のみ	カンファレンスを含む
1回	450単位	600単位
2回	600単位	750単位
3回	—	900単位

利用者の退院または退所に当たり、当該加算を職員との面談で算定する際は、以下の内容を満たす必要があることが示されています（算定基準別表ヘ）。

病院、診療所、地域密着型介護老人福祉施設または介護保険施設の職員と面談を行い、利用者に関する必要な情報の提供を受けたうえで、居宅サービス計画を作成し、居宅サービス等の利用に関する調整を行った場合つまり、当該加算を算定するためには、医療機関や施設等の職員と面談し、利用者に関する必要な情報を得ることや、ケアプランの作成とそれに伴うサービス利用に関する調整は必要ですが、面談の場所や、情報提供を受ける場への利用者の同席については規定されていません。

このため、質問の事例のように、利用者の自宅等の医療機関等以外の場所で情報提供を受けた場合でも、職員との面談として退院・退所加算を算定することは可能なのです。

2．医療連携の証拠としての加算

リスクマネジメント（事故予防）には、利用者の事故予防とともに、報酬請求事故を予防することも含まれます。事業所の質を維持・向上し、ケアマネジャーの能力を開発するためには、適正な報酬を確保することが必要不可欠です。

「採れるかもしれないけれど加算を算定するのは面倒」などの消極的な姿勢ではなく、自身の医療連携を行った実績管理とともに、質の高い事業所を維持していく必要性について再度検討し、前向きに取り組みましょう。

※　退院・退所情報記録書の標準様式を本章の最後に掲載しています。参考にしてください。

退院・退所加算を算定する際のポイント

・当該病院等の職員と面談し、利用者に関する必要な情報を得たうえで、居宅サービス計画を作成し、居宅サービス等の利用に関する調整を行っている

・退院後のサービスの利用開始月に算定している

・退院後7日以内に情報を得ている

・初回加算を算定していない

ポイントメモ　―さらに理解を深めるために―

算定基準の解釈通知　第三

14　退院・退所加算について

(1)　総論

病院若しくは診療所への入院又は地域密着型介護老人福祉施設若しくは介護保険施設（以下「病院等」という。）への入所をしていた者が退院又は退所（地域密着型介護老人福祉施設入所者生活介護又は介護福祉施設サービスの在宅・入所相互利用加算を算定する場合を除く。）し、その居宅において居宅サービス又は地域密着型サービスを利用する場合において、当該利用者の退院又は退所に当たって、当該病院等の職員と面談を行い、利用者に関する必要な情報を得た上で、居宅サービス計画を作成し、居宅サービス又は地域密着型サービスの利用に関する調整を行った場合には、当該利用者の居宅サービス又は地域密着型サービスの利用開始月に所定単位数を加算する。ただし、初回加算を算定する場合は、算定しない。なお、利用者に関する必要な情報については、別途定めることとする。

(3)　その他の留意事項

②　同一日に必要な情報の提供を複数回受けた場合又はカンファレンスに参加した場合でも、1回として算定する。

③　原則として、退院・退所前に利用者に関する必要な情報を得ることが望ましいが、退院後7日以内に情報を得た場合には算定することとする。

受診同行せず、主治医以外との情報のやりとりをした場合でも加算算定は可能でしょうか？

先日、事前に主治医の了解を得たうえで、利用者の外来受診に同席しました（利用者とは病院で待ち合わせ、病院への同行はしていません）。

しかし、当日は急患が重なったため、この日は3分程度の受診となり、主治医との情報交換もできませんでした。

外来診療後に外来の看護師が時間を調整してくれ、外来の看護師に情報を提供し、利用者と一緒にアドバイスを受けることができました。

受診同行をせずに主治医以外との情報をやりとりした場合でも、当該加算の算定は可能でしょうか？

考えてみよう！

以下のうち、いずれか1つを選択してください。

1：原則として算定可能。

2：原則として算定できない。

1：原則として算定可能。

根拠 算定基準別表ト、算定基準の解釈通知第三の15

1．通院時情報連携加算の概要

通院時情報連携加算は、医療と介護の連携を強化し、適切なケアマネジメントの実施やケアマネジメントの質の向上を進める観点から、2021（令和3）年度に創設されました。

利用者が医療機関において医師の診察を受ける際にケアマネジャーが同席し、医師等と情報連携を行い、ケアプラン等への記載を行った場合には、月1回まで、1回50単位を算定することができます。

2．医師等との連携の強化

当該加算は、算定基準の解釈通知にも示されているとおり、利用者が医師の診察を受ける際に同席し、医師等に利用者の心身の状況や生活環境等の必要な情報提供を行い、医師等から利用者に関する必要な情報提供を受けたうえで、居宅サービス計画等に記録した場合に、算定を行うものです。

すなわち、医師の診察に同席することは必要ですが、情報提供をする相手も、受ける相手も、医師だけではなく、看護師や薬剤師、管理栄養士、理学療法士などの職種との連携についても広く算定が可能となります。

また、本人の外来受診への同席は必須ですが、利用者と病院へ同行することは、算定要件ではありません（医療機関で利用者と合流して診察に同席して連携すれば算定可能です）。

なお、ケアマネジャーが利用者の診察に同席する際は、緊急事態も多くなることが想定されますが、利用者に同席する旨の同意を得ておくことや、同席が診療の遂行に支障がないかどうか事前に医療機関に確認するなどの事前調整を忘れずに医師等と連携を行うことにより、関係構築に努めましょう。

3．受診同席の意味と価値を意識しよう

当該加算は、ケアマネジャーの労力に比べると少ない単位しか算定できない印象はありますが、ケアマネジャーの手間やケアマネジメントプロセスが評価された加算です。

事前の連絡や事後の報告など、連携に関する配慮も忘れずに、医療関係職種との信頼関係を構築していくきっかけとして使いこなしましょう。

なお、算定に際しては、介護給付費の適正化の観点から、ケアマネジャーが受診に同席する理由（意味）や効果（価値）などについて、誰が見ても納得できる記載が残せるとなおよいでしょう。

まとめ

- 利用者の外来受診にケアマネジャーが同席のうえ、医師等との情報のやりとりをすることで算定ができる
- やりとりをした情報は、居宅サービス計画等に記録し、介護給付費の適正化の観点からも振り返ろう

ポイントメモ　ーさらに理解を深めるためにー

算定基準　別表

ト　通院時情報連携加算　　50単位

注　利用者が病院又は診療所において医師の診察を受けるときに介護支援専門員が同席し、医師**等**に対して当該利用者の心身の状況や生活環境等の当該利用者に係る必要な情報の提供を行うとともに、医師**等**から当該利用者に関する必要な情報の提供を受けた上で、居宅サービス計画に記録した場合は、利用者1人につき1月に1回を限度として所定単位数を加算する。

算定基準の解釈通知　第三

15　通院時情報連携加算

当該加算は、利用者が医師の診察を受ける際に同席し、医師等に利用者の心身の状況や生活環境等の必要な情報提供を行い、医師等から利用者に関する必要な情報提供を受けた上で、**居宅サービス計画等に記録**した場合に、算定を行うものである。なお、同席にあたっては、利用者の同意を得た上で、医師等と連携を行うこと。

退院・退所情報記録書

1. 基本情報・現在の状態　等　　　　　　　　　　　　　　記入日：　　　年　　月　　日

属性	フリガナ		性別	年齢	退院（所）時の要介護度（□　要区分変更）
	氏名	様	男・女	歳	□要支援（　）・要介護（　）　□申請中　　□なし
入院（所）概要		・入院（所）日：　　年　月　日　　・退院（所）予定日：　　年　月　日			
	入院原因疾患（入所目的等）				
	入院・入所先	施設名　　　　　　　　　　　　　棟　　　　室			
	今後の医学管理	医療機関名：	方法	□通院　□訪問診療	
①疾患と入院（所）中の状況	現在治療中の疾患	①　　　②　　　③	疾患の状況	＊番号記入	安定（　　　）不安定（　　　）
	移動手段	□自立　□杖　□歩行器　□車いす　□その他（　　　　）			
	排泄方法	□トイレ　□ポータブル　□おむつ　　カテーテル・パウチ（　　　　）			
	入浴方法	□自立　□シャワー浴　□一般浴　□機械浴　　□行わず			
	食事形態	□普通　□経管栄養　□その他（　　　　）	UDF等の食形態区分		
	嚥下機能（むせ）	□なし　□あり（時々・常に）	義歯	□なし　□あり（部分・総）	
	口腔清潔	□良　　□不良　　□著しく不良		入院（所）中の使用：□なし　□あり	
	口腔ケア	□自立　□一部介助　□全介助			
	睡眠	□良好　　□不良（　　　　）	眠剤使用　□なし　□あり		
	認知・精神	□認知機能低下　□せん妄　□徘徊　□焦燥・不穏　□攻撃性　□その他（　　　）			
②受け止め／意向	<本人>病気、障害、後遺症等の受け止め方	本人への病名告知：□あり　　□なし			
	<本人>退院後の生活に関する意向				
	<家族>病気、障害、後遺症等の受け止め方				
	<家族>退院後の生活に関する意向				

2. 課題認識のための情報

③退院後に必要な事柄	医療処置の内容	□なし □点滴　□酸素療法　□喀痰吸引　□気管切開　□胃ろう　□経鼻栄養　□経腸栄養 □褥瘡　□尿道カテーテル　□尿路ストーマ　□消化管ストーマ　□痛みコントロール □排便コントロール　□自己注射（　　　）□その他（　　　　）	
	看護の視点	□なし □血圧　□水分制限　□食事制限　□食形態　□嚥下　□口腔ケア　□清潔ケア □血糖コントロール　□排泄　□皮膚状態　□睡眠　□認知機能・精神面　□服薬指導 □療養上の指導（食事・水分・睡眠・清潔ケア・排泄などにおける指導）　□ターミナル □その他（　　　　）	
	リハビリの視点	□なし □本人指導　□家族指導　□関節可動域練習（ストレッチ含む）　□筋力増強練習　□バランス練習 □麻痺・筋緊張改善練習　□起居／立位等基本動作練習　□摂食・嚥下訓練　□言語訓練 □ADL練習（歩行／入浴／トイレ動作／移乗等）　□IADL練習（買い物、調理等） □疼痛管理（痛みコントロール）　□更生装具・福祉用具等管理　□運動耐容能練習 □地域活動支援　□社会参加支援　□就労支援　□その他（　　　　）	
	禁忌事項	（禁忌の有無）	（禁忌の内容／留意点）
		□なし　□あり	
症状・病状の予後・予測			
退院に際しての日常生活の阻害要因（心身状況・環境等）		例）医療機関からの見立て・意見（今後の見通し、急変の可能性や今後、どんなことが起こりうるか（合併症）、良くなっていく又はゆっくり落ちていく方向なのか　等）について、①疾患と入院中の状況、②本人・家族の受け止めや意向、③退院後に必要な事柄、④その他の観点から必要と思われる事項について記載する。	
在宅復帰のために整えなければならない要件			

回目	聞き取り日	情報提供を受けた職種（氏名）	会議出席
1	年　月　日		無・有
2	年　月　日		無・有
3	年　月　日		無・有

※　課題分析にあたっては、必要に応じて課題整理総括表の活用も考えられる。

引用文献

・後藤佳苗著『法的根拠に基づく介護事業所運営ハンドブック』中央法規出版、2015年
・後藤佳苗著『保険者のチェックポイントがわかる！ ケアプラン点検ハンドブック』ぎょうせい、2020年
・介護支援専門員実務研修テキスト作成委員会編『五訂 介護支援専門員実務研修テキスト』長寿社会開発センター、2012年
・NPO法人千葉県介護支援専門員協議会編、後藤佳苗著『基礎から学べる「ケアマネジメント実践力」養成ワークブック』中央法規出版、2011年
・NPO法人千葉県介護支援専門員協議会監、後藤佳苗編著『四訂 介護支援専門員のためのケアプラン作成事例集』中央法規出版、2015年
・後藤佳苗著『法的根拠でナットク！ 帳票別ケアプランの書き方Q&A』中央法規出版、2020年

参考文献

・後藤佳苗著『ケアプランの書き方』中央法規出版、2018年
・後藤佳苗著『サービス担当者会議の取扱説明書』第一法規、2018年
・法制執務用語研究会著『条文の読み方』有斐閣、2012年
・居宅サービス計画書作成の手引編集委員会編『五訂 居宅サービス計画書作成の手引』長寿社会開発センター、2016年
・増田雅暢著『逐条解説 介護保険法（2016改訂版）』法研、2016年

■著者紹介

後藤佳苗（ごとうかなえ）

一般社団法人あたご研究所　代表理事
特定非営利活動法人千葉県介護支援専門員協議会　理事

看護学修士（地域看護学）・保健師・介護支援専門員
千葉県介護支援専門員指導者・千葉県介護予防指導者
千葉市認知症介護指導者

千葉県職員（行政保健師）として、保健所、精神科救急病院、千葉県庁母子保健主管課、千葉県庁介護保険担当課等に勤務し、2005年4月よりあたご研究所代表。
全国でケアマネジャー、介護福祉職、行政等職員（都道府県、市町村等）、看護職などを対象とする研修会、セミナー講師を年200回以上担当している（web研修を含む）。
法令等をわかりやすく説明する講義や医療ニーズの高い利用者への支援のコツ、認知症のある利用者へのケアマネジメントなど、支援のポイントを押さえた講義が好評を博している。

主な著書に、『法的根拠でナットク！　帳票別ケアプランの書き方Q&A』『五訂 介護支援専門員のためのケアプラン作成事例集』『改訂 法的根拠に基づくケアマネ実務ハンドブック【介護報酬・加算減算編】』『ケアプランの書き方』（以上、中央法規出版）、『記載例で学ぶ 居宅介護支援経過』『サービス担当者会議の取扱説明書』（以上、第一法規）、『ワークブック 自立支援型ケアプラン作成ガイド』『保険者のチェックポイントがわかる！　ケアプラン点検ハンドブック』（以上、ぎょうせい）、『看護学テキストNiCE 家族看護学』（南江堂）、『早引きケアマネジャーのための介護報酬加算・減算ハンドブック』（ナツメ社）、『実践で困らない！駆け出しケアマネジャーのためのお仕事マニュアル』（秀和システム）、『まんがでわかる！介護のお仕事シリーズ ケアマネ一年生の教科書』（ユーキャン）などがある。その他、雑誌・情報誌等への連載や寄稿も多数。

新訂 法的根拠に基づく
ケアマネ実務ハンドブック
―Q&Aでおさえる業務のツボ―

2021年9月20日 初 版 発 行
2022年10月10日 初版第2刷発行

著　者　後藤佳苗

発行者　荘村明彦

発行所　中央法規出版株式会社
〒110-0016 東京都台東区台東3-29-1 中央法規ビル
営　　業　TEL 03-3834-5817 FAX 03-3837-8037
取次・書店担当　TEL 03-3834-5815 FAX 03-3837-8035
https://www.chuohoki.co.jp/

ブックデザイン　mg okada

印刷・製本　長野印刷商工株式会社

定価はカバーに表示してあります。
落丁本・乱丁本はお取り替えいたします。
ISBN978-4-8058-8370-9

本書の内容に関するご質問については、下記URLから「お問い合わせフォーム」にご入力いただきますようお願いいたします。
https://www.chuohoki.co.jp/contact/